Rüdiger Günttner

Damit muss man rechnen!

Vergnügliches und Erstaunliches - ohne viel rechnen.

Bibliografische Information der Deutschen Nationalbibliothek:
Die Deutsche Nationalbibliothek verzeichnet diese Publikation
in der Deutschen Nationalbibliografie; detaillierte bibliografische
Daten sind im Internet über http://dnb.dnb.de abrufbar.

Cartoons von Hannes Mercker

Herstellung und Verlag: BoD – Books on Demand, Norderstedt

ISBN: 978-3-7460-7766-6

Für:

Ingild, Vera, Tanja, Ingelore, Fred, Thomas, Margarethe, Ansgar, Wolfgang, Birgit, Cornelia, Lutz, Maren, Linus, Ilka, Mona, Romina, Sascha, Bennett, Uschi, Dennis, Mattis, Anouk, Birte, Javis, Beatrix, Bernhard, Michael, Harald, Jaqueline, Leah, Yvonne, René, David, Jonas, Marlies, Nils, Lennart, Benedikt, Annette, Karin, Burkhard, Klaus, Uwe, Fabian, Anja, Carsten, Algima, Christian, Anna, Caroline, Carla, Johannes, Maria, Henry, Anne, Ella, Michel, Rudi, Leonhard, Martina, Lothar, Inge, Nicole, Dirk, Annika, Peter, Marie, Margot, Norbert, Kerstin, Maria Anna, Katharina, Sabine, Horst, Carina, Holger, Ira, Winfried, Stephan, Elmar, Hanna, Claudia, Hedwig, Mirko, Daniel, Sigrid, Alexander, Jens, Hadrian, Solveig, Christa, Mathilde, Ruth, Stefan, Franz, Robert, Erwin, Elisabeth, Dominik, Kurt, Irmgard, Rosemarie, Herbert, Julia, Björn, Judith, Sylvia, Friedrich, Tim, Oliver, Theresa, Stefanie, Norbert, Heinz, Markus, Jonathan, Lore, Konrad, Ricarda, Sabrina, Annegret, Rolf, Sigurd, Joachim, Bernadette, Karlheinz, Jürgen, Dieter, Petra, Willi, Agathe, Hartmut, Gertrud, Uwe, Anke, Hans, Matthias, Gaidis, Sigrid, Werner, Manuela, Hans-Jürgen, Gisbert, Wolfram, Gerti, Erika, Bernd, Bianca, Ralf, Hildegard, Renate, Detlef, Astrid, Elke, Simon, Rosina, Dagmar, André, Walter, Egon, Andreas, Almut, Wilfried, Günter, Ernst, Gerhard, Marco, Christine, Bastian, Evelyn, Boris, Reinhard, Marga, Daniela, Hugo, Corinna, Gudrun, Gisela, Martin, Gerald, Nadine, Jasmin, Natalia, Josef, Hauke, Dayana, Helene, Carola, Hubert, Kirsten, Anna-Sophie, Hannes, Udo, Heribert, Ingeborg, Axel, Rudolf, Elena, Heike, Wilhelm, Dietmar, Alvaraz, Christel, Barbara, Gabriele, Alfred, Christoph, Frank, Mark, Lara, Xaver, Lydia, Mechthild, Ludwig, Ursula, Franziska, Lisa, Fritz, Rüdiger, Lorenzo, Ute, Agnes, Irene, Lars, Hans-Ulrich, Ida, Silke, Tarek, Jannik, Kevin, Max, Pauline, Nelly, Ole, Jana, Larissa, Arne, Anastasia, Nina, Emily, Rahel, Sebastian, Mandy, Evelin, Dorian, Vivien, Hasan, Jocelyne, Henrik, Paula, Hannah, Helen, Merle, Inga, Yasin, Tamara, Tarik, Malte, Nikolas, Emma, Tristan, Denise, Michelle, Kim, Alina, Jorrik, Fabienne, Franca, Isabell, Daniele, Fynn, Jennifer, Erik, Lukas, Gera, Nele, Ahmed, Dietrich, Sergej, Julina, Emilia, Marina, Joelyn, Jan, Raissa, Matthew, Jörg, Marcin, Merlin, Gunnar, Mathias, Lena, Björn, Tomma, Irina, Laura, Arun, Volker, Louisa, Manfred, Katrin, Olesya, Johanna, Anton, Melanie, Liselotte, Marvin, Lucas, Sven, Emely, Malin, Elisa, Josua, Janna, Luisa, Celine, Mina, Greta, Marla, Sophie, Leoni, Svenja, Marlene, Antonia, Clemens, Mia, Frederike, Ariane, Diana, Saskia, Anita, Yannik, Leander, Isabella, Jill, Paul, Clara, Leo, Noah, Sophia, Kai und Lina.

Inhaltsverzeichnis

Vorwort oder Medizynischer Beipackzettel

SMS Beim Lesen dieses Buches sollten Sie vor allem die Bedeutung der Abkürzung 'SMS' berücksichtigen! So eine SMS bedeutet für die meisten, was Sie beim Erhalt einer Nachricht sowieso oft denken:

1. $\boxed{\text{SAG'S MIR SPÄTER!}}$

Lassen Sie die eingerahmten Texte unberücksichtigt! Diese Kurznachrichten enthalten nämlich konzentrierte, mathematische Inhalte, die bereits bei mäßigem Konsum (*häufig*) zu Unwohlsein führen können.

Bei anderen wiederum erzeugen solche Texte euphorische Zustände (*selten*)! Dies mag dann als Nebenwirkung erwünscht sein. Für diese Leser ist eine 'SMS' wie eine 'SCHOKOLADENTORTE MIT SAHNE' oder eine Akürzung für

2. $\boxed{\text{SHORT MATHEMATICAL SERVICE!}}$

Die Einnahme des Präparats ist in <u>beiden</u> Formen möglich!

Erschrecken Sie bitte nicht, wenn Sie plötzlich über Mathematik sprechen. Das ist gar nicht so schlimm und kann manchmal auch ansteckend wirken.

Medikation und Anwendung

Mathephobie in allen bisher bekannten Ausprägungen: Darreichungsform **1**. *Substitutionspräparat* für Süchtige nach Mathe-Entzug: Darreichungsform **2**.

Die Einnahme kann auch mit Taschenrechner erfolgen, ansonsten vertrauen Sie dem Hersteller. Meine Ideen für die Cartoons wurden mit Geduld und sehr viel Liebe zum Detail vom Auftragszeichner Hannes Mercker umgesetzt.

Im übrigen gelten aber die seitenlangen und mit voller Absicht ermüdenden 'Allgemeinen Geschäftsbedingungen'. Lassen Sie mich kurz zusammenfassen:

Garantie wird nicht übernommen, bei Nutzung tragen Sie das volle Risiko.

Lesen Sie wohl!
Ihr Rüdiger Günttner

Niveaulinien

Sinnfindung Das Niveau unserer Mitmenschen ist im Sinkflug begriffen, finden Sie nicht auch? Neulich besuchte uns eine ehemalige Klassenkameradin meiner Frau. Es war ein wunderschöner Sommertag, aber meine Freude daran war schnell verflogen, denn besagte Freundin hatte ihren Mann im Schlepptau. Und um ihren Matteo sollte natürlich ich mich kümmern, nun ja:

Seine etwas lässige Kleidung war der warmen Witterung durchaus angepasst, dagegen hatte ich überhaupt nichts einzuwenden. Aber auf seinem weißen T-Shirt stand in großen roten Lettern: *Mathe ist ein Arschloch!*

Eine solche Formulierung entspricht dem Niveau eines Kleinkindes! Dem Träger dieser Botschaft ging es natürlich um etwas ganz anderes. Er wusste offenbar von meinem Fachgebiet. Und ganz unverhohlen eröffnete er mir in der nun folgenden Unterhaltung: Mathematik sei im heutigen Computerzeitalter doch völlig überflüssig!

Ich entgegnete noch ziemlich ruhig, dass Informatik sich als Teilgebiet der Mathematik zu einem eigenständigen Fach entwickelt habe. Zum Beispiel habe auch die Wahrscheinlichkeitstheorie und Statistik mit dem Glücksspiel- und dem Versicherungswesen zu gesonderten Wirtschaftszweigen geführt. Das bedeute keineswegs das Ende der Mathematik!

Meiner Argumentation, die Mathematik sei niemals abgeschlossen und würde auch weiterhin neue Abkömmlinge in die Welt setzen, entgegenete er nur: Mit seinem Taschenrechner sei für ihn die Mathematik nun glücklicherweise erledigt. Ich wolle den Niedergang meines Faches nur nicht zugeben!

Zufällig rief seine Frau etwas zu uns herüber. Sie nannte ihn nicht Matteo, sondern Matte. Schlagartig kam mir die Erkenntnis. Richtig musste es heißen:

Matte ist ein Arschloch!

Kein Glückstag Leider schien *das A. . .* recht erfolgreich im Pharmageschäft zu sein. Genüsslich spielte er mit mir 'Mein Pferd, mein Haus, mein Auto'! Da konnte ich als 'Staatsdiener in geregelter Armut' nicht mithalten. Heute war der Tag für mich gelaufen!

So ganz nebenbei schilderte er mir auch noch seinen kommenden Erfolg. Triumphierend schob er mir einen kleinen Zettel hin, auf dem nur ein paar Zahlen gekritzelt waren. Er begann nun, sie mir lang und breit zu erklären.

4

Quotenkrieg Hier die Zusammenfassung seiner triumphalen Ausführungen: Er entwickelte in seinem Labor ein neues Medikament mit dem Arbeitsnamen 'Contex'. Es solle gegen zwei häufige Krebsarten wirksam sein! Nur ein einziges Konkurrenzunternehmen entwickelte das ähnlich erfolgversprechende Präparat 'Fontex'. Inzwischen habe ein Pharmahersteller sein Interesse bekundet und wolle über den Kauf der Patentrechte für 'Contex' *oder* 'Fontex' entscheiden!

Folgende Testergebnisse für die Krebsart (1) und die eher seltene Variante (2) waren überprüft und dokumentiert:

    (1) Contex verbesserte 264 von 328 Fällen   (80,5 %)
    (1) Fontex verbesserte 746 von 998 Fällen   (74,7 %)

Die Konkurrenz gab ihren geringeren Erfolg zu, verwies aber auf die höhere Anzahl der untersuchten Fälle und somit auf besser abgesicherte Ergebnisse. Deshalb versuchte Contex im Fall (2) aufzuholen, während man bei Fontex anscheinend resignierte:

    (2) Contex verbesserte 408 von 1108 Fällen   (36,8 %)
    (2) Fontex verbesserte 106 von 310 Fällen   (34,2 %)

Die Prozentzahlen habe er mehrmals mit seinem Taschenrechner überprüft, frohlockte ein grinsender Mathematikverächter über sein Contex. Morgen würde besagter Pharmahersteller seine abschließende Entscheidung treffen! Ich hielt mich mit weiteren Kommentaren zurück.

Die Entscheidung Ganz unerwartet und unerwünscht stand er am nächsten Abend mit Schlips und Anzug vor unserer Tür. Wütend sah er mich an und drängte in den Flur. Was war geschehen? In gegenseitigem Einverständnis hatte man die Einzelergebnisse zu einem Gesamtergebnis zusammengefasst:

    (1)   Contex verbesserte 264 von   328 Fällen
    (2)   Contex verbesserte 408 von 1108 Fällen
 (1)+(2)   Contex verbesserte 672 von 1436 Fällen , also **46,8 %**.

Und ganz analog beim Konkurrenzprodukt:

    (1)   Fontex verbesserte 746 von   998 Fällen
    (2)   Fontex verbesserte 106 von   310 Fällen
 (1)+(2)   Fontex verbesserte 852 von 1308 Fällen also **65,1 %**.

Für ihn völlig unerklärlich und überraschend war er aus dem Rennen geworfen!

Mein unterdrücktes Grinsen war nicht zu übersehen und brachte ihn sichtlich aus der Fassung. So schlimm sei das doch alles gar nicht, sagte ich zunächst, und verwies ihn auf sein Pferd, sein Haus und sein Auto! Alles nur auf Pump, hörte ich ihn stöhnen.

Der Abgang An allem sei doch nur die Mathematik schuld, schimpfte er. Dann war ich der Schuldige, plötzlich wieder die Mathematik! Das könne nicht sein, bemerkte ich ironisch, denn noch gestern sei die Mathematik für ihn völlig überflüssig gewesen. Er solle diesen Streit doch gefälligst mit seinem schlauen Taschenrechner ausfechten!

Aber nun mal ganz unter uns:

Das zahlenmäßig stark vereinfachte und dadurch leichter zu durchschauende Paradoxon ist der Fachwelt schon seit über hundert Jahren bekannt.

SMS *Die Einzelergebnisse beeinflussen das Gesamtergebnis durch ihr unterschiedliches Gewicht. Das führt zum sog. 'Simpson–Paradoxon'! Sie finden es sogar in manchen Schulbüchern erklärt.*

Um ihn endlich loszuwerden und die Lage nicht weiter eskalieren zu lassen, schrieb ich ihm die Bezeichnung dieses Paradoxons auf einen großen Zettel. Er solle doch bitte selber recherchieren. Mürrisch schaute er mich an.

Dann kam es plötzlich über mich! Ich erinnerte mich an das gestrige T-Shirt:

Mit dem rechten Mittelfinger bohrte ich ein Loch in das unschuldige Papier, bevor ich es ihm überreichte und ihn nach draußen schob.

Das war ganz sicher unter meinem Niveau,

aber es hat mir so gut getan!

Nährwert und Laufwert

Mit dem Alter wird man weiser, und was man sagt, bekommt mehr Gewicht. Das merkt sogar die Waage! Sollte ich anfangen, mich mehr zu bewegen? Ich weiß natürlich, die unerwünschten Kilos kommen von den Kilo-Kalorien! Doch beim Spazierengehen gehen sie wieder weg. Noch besser ist Joggen, das weiß doch jeder. Da braucht man gar nicht nachzurechnen! Oder doch? Meine Nachbarn Benedikt und Carsten brachten mich auf diese kuriose Idee. Ich naschte gerade ein wenig 'Nugat–Creationen', als ich folgende Tabelle las:

Tätigkeit	Stoffwechselrate
absolute Ruhe	80 Watt
Schreibtischarbeit	120 Watt
Gehen (3km/h)	290 Watt
Joggen (12 km/h)	700 Watt

Gültig für den 'Durchschnittsmann', wer oder was auch immer das sein mag! Und langsam muss man sich an Leistungsangaben in Watt gewöhnen, auch als Autofahrer. Die Leistungsangaben in Pferdestärken PS sterben wohl aus.

Erinnern wir uns: Um die Leistung seiner Dampfmaschinen mit dem damaligen Einsatz der Pferde vergleichen zu können, bestimmte James Watt die *Dauerleistung* eines Pferdes und benutzte sie als vergleichende Maßeinheit. Seine Maschinen konnten also entsprechend viele Pferde ersetzen!

Heute hat das Pferd als Arbeitstier ausgedient, doch kurz zum Vergleich: 1 PS entsprechen rund 735,5 Watt.

Schauen Sie auf die Tabelle. Jetzt weiß ich, warum Joggen mich so anstrengt! Kein Mensch sollte heutzutage arbeiten wie ein Pferd, finde ich. Aber jeder wie er mag, manche joggen sogar freiwillig! Ich komme gleich darauf zurück.

Das Minimum Klären wir erst einmal die Sache mit den Kilokalorien. Sie kennen Ihren Kalorienbedarf? Wieviele Kalorien benötige ich *mindestens?* Ich meine, wenn ich in *absoluter Ruhe* auf dem Sofa liege, also dabei nur ganz langsam zur Schokolade greife. Testen wir zunächst die obige Angabe:

Die Tabelle zeigt <u>*80 Watt*</u> gleich <u>*80 Joule pro Sekunde*</u>! Schon die Aussprache 'Dschuhl' für 'Joule' klingt unsympathisch, und Jaul wäre wohl passender. Bleiben wir bei der Abkürzung J. In fünf Sekunden benötige ich also:

$5 \cdot 80 = 400$ J. In einer Stunde sind es bereits $3600 \cdot 80 = 288\,000$ J $= 288$ kJ. Wenn ich mich nicht vom Platz rühre, macht das nach 24 Stunden: 6912 kJ.

Ich möchte aber keine Kilojoule, sondern Kilokalorien! Dafür muss man durch 4,184 dividieren, weil 4,184 kJ genau 1 kcal entsprechen. Das bereitet meinem Taschenrechner keine Mühe und ergibt als Tagesbedarf 1652 kcal.

Falls ich jetzt aufstehe, beträgt mein Mehrbedarf bei einfacher Tätigkeit bestimmt mehrere Stückchen Schokolade. Das ist ein Deal, ich erhebe mich!

Ehrlich gesagt, ich wollte nur den Umgang mit den etwas ungewohnten Einheiten meiner Tabelle üben. *Wie kommt man von Watt zu Kilokalorien?* Erfährt man ja nirgendwo! Doch zurück zu den Nachbarn. Jetzt kommt auch noch die Rechnerei mit den Kilometern! Die Situation ist nämlich folgende:

Beide Freunde möchten ein paar Pfunde abtrainieren und legen vor dem abendlichen Kartenspielen immer erst eine Strecke von 3 km zurück. Mag auch etwas mehr oder weniger sein, auf jeden Fall ist es die gleiche Strecke.

Sie starten auch gleichzeitig. Aber während Benedikt nur gemütlich geht, was auch mir besser gefiele, joggt Carsten als durchtrainierter Bursche diese Strecke. Und nach dem Duschen erledigt er noch Schreibtischarbeiten, bis Benedikt endlich eintrifft. Vergleichen wir jeweils ihren Energieverbrauch, wobei wir hier das Duschen von Carsten unter Schreibtischarbeit verbuchen.

Joggen oder gehen So langsam vertraue ich der Tabelle. Natürlich wird jeder von uns beim Joggen mehr Kalorien verbrauchen als beim Gehen.

Wir müssen aber auch korrekt vergleichen, passen Sie auf!

Also zunächst zu Benedikt, bei ihm ist die Rechnung besonders einfach: Wir können genau so vorgehen wie bei meinem Grundumsatz. Nur anstelle von 80 Watt müssen wir nun 290 Watt als Faktor wählen. Und für 3 km benötigt er bei seiner gemütlichen Geschwindigkeit von 3 km/h genau eine Stunde! Falls Sie mitrechnen möchten: 1 Stunde sind umgerechnet 3600 Sekunden. Das ergibt einen Energieverbrauch gemäß 'Leistung mal Zeit' von 1044 kJ:

$$\boxed{\textbf{SMS} \quad E_{\text{Benedikt}} = 290 \text{ W} \cdot 3600 \text{ s} = 1044 \cdot 10^3 \text{ J} = 1044 \text{ kJ}}$$

Umgerechnet sind das nach Division durch 4,184 rund **250 Kilokalorien**.

Das finde ich erschreckend wenig, gerade mal eine halbe Tafel Schokolade! Aber schließlich haben wir zum Vergleich noch unseren Sportsfreund Carsten:

Carsten benötigt bei 12 km/h für die 3 km lediglich eine Viertelstunde. Das sind 15 Minuten gleich 900 Sekunden. Für einen korrekten Vergleich müssen wir fairerweise noch seinen Energieverbrauch bis zum Eintreffen von Benedikt hinzurechnen! Er verbringt die restliche 3/4 Stunde gleich 2700 Sekunden mit Schreibtischarbeit. Das müssen wir hinzuaddieren:

$$\textbf{SMS} \quad E_{\text{Carsten}} = 700\,\text{W} \cdot 900\,\text{s} + 120\,\text{W} \cdot 2700\,\text{s}$$
$$= 630 \cdot 10^3\,\text{J} + 324 \cdot 10^3\,\text{J}$$
$$= 954 \cdot 10^3\,\text{J} = 954\,\text{kJ}$$

Kaum zu glauben, aber Carsten verbraucht fast 10 % weniger als Benedikt. Das bleibt auch nach Umrechnen: Carsten verbraucht nur **228** Kilokalorien!

Dieses Ergebnis bereitet mir nun doch viel Freude! Und Sie verstehen auch, warum Mathematiker erst alles nachrechnen wollen, bevor sie es akzeptieren. Denn wer hätte schon gedacht,

Joggen ist nicht nur eine zeit-, sondern auch energiesparende Fortbewegung.

Besonders deutlich erkennen Sie das an der graphischen Darstellung des sportlichen Geschehens:

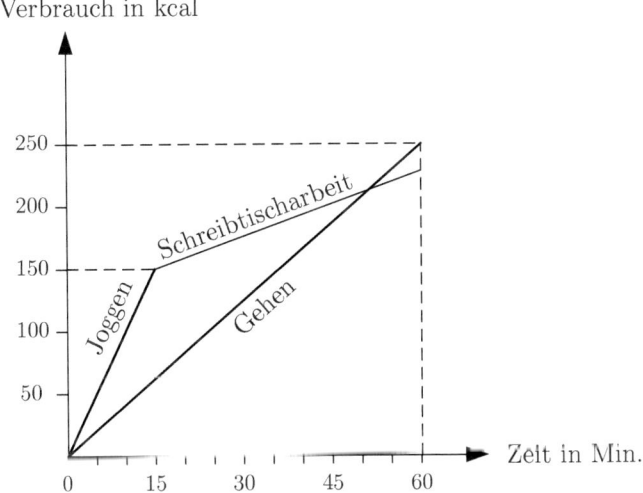

Für dieselbe Strecke benötigt Benedikt 250 kcal, Carsten aber nur 150 kcal. Carsten kann die ersparten kcal durch Schreibtischarbeit nicht ausgleichen!

Was lernen wir noch? Dass zu vieles Rechnen auch keinen Spaß macht. Meine 200 Gramm 'Nugat–Creationen' enthielten 564 kcal *pro 100 Gramm.* Aber satt kenn' ich nicht: Entweder habe ich Hunger oder mir ist schlecht! Nun plagen mich auch noch schwere Gedanken. Wie viel muss ich denn jetzt dafür spazierengehen?

Auf der Packung werden diese Kalorien übrigens als 'Nährwert' bezeichnet. Ein früher sehr erfolgreicher Werbespruch der Zuckerindustrie lautete:

„Zuckersparen grundverkehrt, der Körper braucht ihn, Zucker nährt."

Da biegen sich die Balken, er nährt vor allem die Zuckerindustrie! Es ist ein *Nährwert ohne Mehrwert*: Es fehlen Vitamine, Enzyme, Mineralien, Eiweiß, Ballaststoffe. Da ist gutes Fett noch gesünder!

Ein großer Jammer, dass wir einer Kombination von Fett *und* Zucker kaum widerstehen können. Vielleicht nur, weil man sie in der Natur nicht findet?

Aber wir finden sie als Haselnusscreme auf dem Frühstückstisch oder als Müsli-Riegel oder Vollmilchschokolade so zwischendurch. Und kein Scherz: Mit Nutella fängt man Mäuse, und zwar richtige! Ich meine also nicht nur unsere niedlichen Kinder. Probieren Sie es aus, die kleinen Nager finden diese Creme in einer Mausefalle unwiderstehlich! Meine Falle verhindert also nur, dass sie eine Fettleber bekommen, oder gar Diabetes.

Zur Abschreckung genügt uns eigentlich ein Blick auf die Kalorienangabe! Wäre diese Angabe gleich in Kilometern, müsste man nicht so viel rechnen. Aber heute gebe ich nicht auf. Vielleicht schauen Sie nur auf das Ergebnis:

Wählen wir eine Nugat-Creme mit ungefähr **500 kcal** pro 100 Gramm:

Unser Spaziergänger Benedikt verbrauchte 250 kcal auf 3 km: Folglich hätte er besagte 500 kcal schon nach 6 km abgearbeitet!

Carsten verbrauchte beim Joggen 150 kcal für 3 km: Das macht 50 kcal für 1 km, und die gewünschten 500 kcal für 10 km.

Mein Vorschlag für das Gesundheitsministerium: Dem Verbraucher sollte folgender Hinweis auf der Packung angegeben werden:

Laufwert pro 100 Gramm: 6 km Spazierengehen oder 10 km Joggen.

Gilt leider auch für Schokolade und Ähnliches!

Vielleicht treffen wir uns beim Spazierengehen, oder ich grüße Sie beim Joggen!

Das Herz schlägt links?

Wer weiß denn sowas Haben Sie sich Spielewürfel wirklich schon einmal ganz genau angesehen? Natürlich hat so ein Hexaeder genau sechs Flächen, auf denen Sie die Zahlen 1 bis 6 verteilen können. Die übliche Regel lautet, dass die Summe gegenüberliegender Flächen stets den Wert 7 ergeben muss. *Sind eigentlich alle Würfel gleich,* abgesehen von Größe, Farbe, Material? Wie kann man Würfel denn vergleichen? Und warum ist das interessant? Aber bitte der Reihe nach:

Halten Sie einen Würfel so, dass die 1 zu Ihnen zeigt, die 6 also nach hinten. Um diese Achse herum befinden sich jetzt noch die vier Werte 2, 3, 4, 5. Drehen Sie den Würfel nun, bis die 2 nach unten und die 5 nach oben zeigt. Das geht bei jedem Würfel! Nun bleibt noch das Zahlenpaar 3 und 4 übrig. Die Zahl 4 auf der linken, die 3 auf der rechten Seite – *oder genau umgekehrt:*

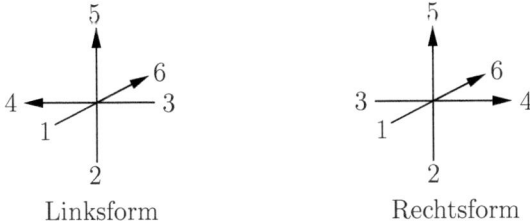

Linksform · · · · · · · · · · Rechtsform

Achten Sie doch einmal darauf: Man findet beide Würfeltypen im Handel. Egal wie Sie drehen und wenden, sie lassen sich nicht zur Deckung bringen! Natürlich sind die Würfel nicht gekennzeichnet. Und was man als links oder rechts bezeichnet, ist im Grunde genommen willkürlich. Für Wurfergebnisse spielt eine Links– oder Rechtsorientierung keine Rolle, erstaunlicherweise aber bei Gebrauchsgegenständen, Nahrungsmitteln und Medikamenten.

Hand und Fuß Vermutlich ist Ihnen schon aufgefallen: Durch Spiegeln wird aus der Links– die Rechtsform! Aus 4 ← 3 wird dann 3 → 4 und umgekehrt. Je nachdem, wie Sie den Würfel vor irgendeinen Spiegel halten, wird das entstehende Spiegelbild nur noch etwas gedreht und verschoben sein.

So ein Spiegelbild ist allerdings imaginär. In der Realität lassen sich die beiden Würfel nicht zur Deckung bringen! Halten Sie aber eine einfache Tasse vor den Spiegel, ist das Spiegelbild völlig identisch mit dem Original. Mit einem einseitigen Motiv wird es eine Tasse für Rechts- bzw. Linkshänder! Auch Scheren, Korkenzieher und anderes gibt es gespiegelt für Linkshänder.

Objekte, die nicht mit ihrem Spiegelbild übereinstimmen, nennt man 'händig'.
Normalerweise passt Ihre linke Hand auch nur in den linken Handschuh!
'Füßig' ginge natürlich auch, üblich unter Wissenschaftlern ist aber 'chiral'.
Wir werden uns nämlich jetzt etwas ernsthafter mit Molekülen beschäftigen.
Es geht unter anderem auch um die links– bzw. rechtsdrehende Milchsäure.
Der Chemiker spricht bei solch spiegelbildlich aufgebauten Substanzen von
'Enatiomeren'.

Ein Chemiewürfel Ein wichtiger Grundstoff für Chemiker ist das Methan!
Das zentrale Kohlenstoffatom C ist mit vier Wasserstoffatomen verbunden,
welche sich auch durch andere Atome bzw. Molekülgruppen ersetzen lassen:

$$
\begin{array}{cccc}
\mathrm{H} & \mathrm{COOH} & \mathrm{COOH} & \mathrm{COOH} \\
\mathrm{H-\overset{|}{\underset{|}{C}}-H} & \mathrm{H_2N-\overset{|}{\underset{|}{C}}-H} & \mathrm{OH-\overset{|}{\underset{|}{C}}-H} & \mathrm{H_2N-\overset{|}{\underset{|}{C}}-H} \\
\mathrm{H} & \mathrm{H} & \mathrm{CH_3} & \mathrm{CH_3}
\end{array}
$$

| Methan | Glycin | Milchsäure | Alanin |

Rein schematisch gesehen sind diese Verbindungen alle gleich aufgebaut!
Man kennt sogar die räumliche Anordnung! Die vier Plätze um das C–Atom
in der Mitte bilden vier diagonal gegenüberliegende Ecken eines Würfels.
Drehen Sie nun diesen Würfel zum Vergleich immer so, dass die Plätze a
und b wie folgt nach oben zeigen. Für die Lage von c und d gibt es dann
wieder zwei spiegelbildliche Möglichkeiten:

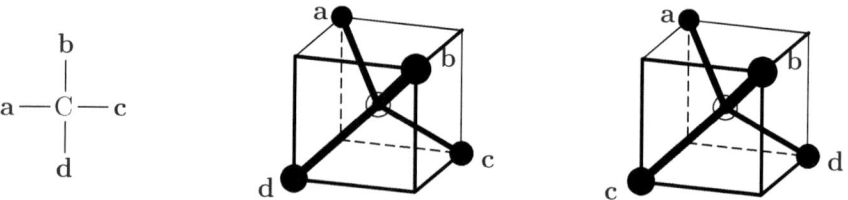

Sind alle vier Plätze gleichartig besetzt wie beim Methan, so stimmt das
Molekül natürlich mit seinem Spiegelbild rechts überein! Das gilt auch noch
für das Glycin, denn mit den zwei H–Atomen an den Stellen c und d ist
noch ein Rest an Symmetrie vorhanden. Bei der Milchsäure sind aber nun
alle vier Gruppen verschieden, weshalb Sie zwischen *linksdrehendem* und
rechtsdrehendem Joghurt wählen können! Doch wer dreht hier eigentlich wo?

An ihren physikalischen Eigenschaften wie zum Beispiel Dichte oder Schmelzpunkt sind Bild- und Spiegelbild nicht zu unterscheiden! Hierzu benötigt man so etwas Kompliziertes wie polarisiertes Licht.

SMS Beim Durchgang von linear polarisiertem Licht durch die Lösung einer händigen Substanz erfährt die Polarisationsebene des Lichts eine *Drehung*, zum Beispiel nach links, bei der gespiegelten Molekülform dann nach rechts!

Sämtliche Proteine sind aus maximal 20 verschiedenen Aminosäuren gebildet. Mit Ausnahme des Glycins sind alle händig! Sie unterscheiden sich vom Glycin nur an Position **d**, wie z.b. auch das Alanin. Außer den Aminosäuren gibt es natürlich noch viele weitere und kompliziertere händige Substanzen.

Es wird bitterernst Etwa 40 % der arzneilichen Wirkstoffe sind händig. Bei der üblichen Herstellung entstehen Links– und Rechtsform je zur Hälfte! *In den meisten Fällen ist aber nur eine der beiden Molekülformen wirksam,* passt also zu ihrem Rezeptor wie die Hand zum passenden Handschuh! Im Jahre 1957 kam das Schlaf– und Beruhigungsmittel Contergan mit dem Wirkstoff *Thalidomid* auf den Markt. Es wurde sogar schwangeren Frauen empfohlen. Der Verkauf geschah in über 40 Ländern. Die rechtsdrehende Form der neuen Substanz zeigte die erwünschte Wirkung. Was man jedoch damals noch nicht wusste:

Die andere Form des Wirkstoffes Thalidomid schädigt den heranwachsenden Embryo im Mutterleib zwischen dem 20. und 35. Tag der Schwangerschaft! Erst Ende 1961 wurde Contergan eindeutig als Ursache erkannt und vom Markt genommen. Allein in Deutschland kamen dadurch fast 3000 Kinder mit stark verkrüppelten Gliedmaßen und geschädigten Organen zur Welt. Erst im Januar 1978 trat in Deutschland das Arzneimittelgesetz in Kraft!

Bei neu zu registrierenden Arzneistoffen werden heutzutage Nachweise über die Wirkung spiegelbildlicher Formen gefordert oder nur die jeweils wirksame Form zugelassen. Trennverfahren und Methoden zur Herstellung nur einer der beiden Formen sind Gegenstand heutiger Forschung.

Wie kompliziert die Dinge sind, zeigen zum Beispiel folgende Ergebnisse: Vom Schmerzmittel Ibuprofen ist nur eine der beiden Formen wirksam, doch die unwirksame Form wird durch ein körpereigenes Enzym in die wirksame Form umgewandelt. Beim Beruhigungsmittel Thalidomid bildet jede der beiden Formen nach einer Trennung auch wieder die andere Form, bis beide sich das Gleichgewicht halten. Nun sagen Sie selbst:

Ist Händigkeit nur eine akademische Frage?

Seit 2008 ist Thalidomid in der EU gegen den Knochenmarkskrebs Multiples Myelom zugelassen. In Ländern wie Brasilien ist es gegen Lepra im Einsatz, oft ohne medizinische Kontrolle! Viele Frauen dort können als Analphabeten den Beipackzettel nicht lesen, der Schwangere vor der Einnahme warnt!

Rechts vor links? Die Natur gibt auf diese Frage keine eindeutige Antwort, mit oft erstaunlich einseitiger Vorliebe. Ob nun beim Aufbau der Proteine, der Erbsubstanz DNA oder bei Stoffwechselvorgängen, die Natur bevorzugt zumeist nur eine Sorte einer händigen Substanz! Bei den Aminosäuren sind es die Linksformen, bei Monosacchariden wie zum Beispiel Trauben– und Fruchtzucker die Rechtsformen. Die Natur verfügt über 'händige Prozesse', die nur eine der beiden möglichen Formen einer händigen Substanz herstellen! Im Reagenzglas entscheidet bei jedem Molekül meistens der *Zufall,* ob die Links- oder Rechtsform entsteht, mit dem Gesamtergebnis 'halbe–halbe'.

Geschmacks– und Geruchsstoffe zeigen ihre vertraute Wirkung - wegen der oft ebenso händigen Rezeptoren - meist nur bei *einer* der beiden Formen! Oder die andere Form zeigt eine ganz andere Wirkung: So verleiht Carvon in der einen Form dem Kaugummi den typischen Spearmintgeschmack, während das Spiegelbild den bekannten Geschmack beim Kümmelöl liefert.

Ob gebratene Hähnchen oder frisch gebackenes Brot, Milch oder Honig, es würde in anderer Form weder schmecken noch könnten wir es verdauen! In einem solcherart gespiegelten Schlaraffenland müssten wir Hunger leiden.

Jede Schlingpflanze 'weiß', ob sie eine Stütze links– oder rechtsherum hinaufklettern muss. Der Hopfen zum Bierbrauen windet sich immer linksherum, und das sogar in Bayern! Die Doppelhelix 'klettert' immer rechtsherum. Möchten Sie es anders, müssen Sie schon einen Spiegel zur Hilfe nehmen!

Schneckenhäuser sind händig. Sie werden fast nur die Rechtsform finden, soll heißen: Von innen nach außen verläuft die Spirale im Uhrzeigersinn. Man möchte meinen, dass es aus irgendwelchen Gründen nicht anders geht. Doch im Durchschnitt findet man unter ca. 20 000 Weinbergschnecken eine Spiegelform, die man als 'Schneckenkönig' bezeichnet! Das Herz schlägt links?

Auch Herz und Organe unseres Körpers ließen sich spiegelverkehrt anordnen! Erstaunlicherweise ist das selten, und noch erstaunlicher, dass sich kaum jemand darüber wundert. Doch möchten Sie gern ein Schneckenkönig sein? Dieser medizinische *situs inversus* ist ein Forschungsgegenstand und

ein Albtraum für jeden Notfallchirurgen!

Sektempfang

Sektglas Sekt geht besonders rasch ins Blut! Das soll am Zucker und der Kohlensäure liegen. Wie dem auch sei, manchmal möchte man doch einigermaßen nüchtern bleiben. Auch hier hilft die Kohlensäure, denn beim Einschenken schäumt sie den Sekt stark auf, das Glas wird nur *halb* voll. Sagen Sie einfach „danke, das reicht schon"! Das Sektglas sei traditionell *spitzkegelig* – und nun schätzen Sie noch einmal ganz nüchtern:

„Wie viel mal mehr Sekt wäre jetzt in einem *vollen* Glas?"

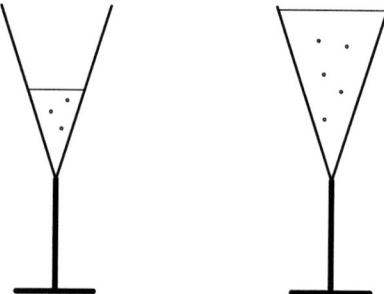

Das halbvolle Glas ist etwas unrealistisch, aber am einfachsten zu rechnen. Ansonsten lösen Sie doch gleich die Aufgabe mit einer Füllhöhe von 80 %! Doch dazu später mehr, bleiben wir zunächst bei der halben Höhe!

Wasserglas Völlig unspektakulär ist das Ergebnis beim üblichen Wasserglas! Schmale Gläser dieser Form werden gerne auch als Sektgläser benutzt:

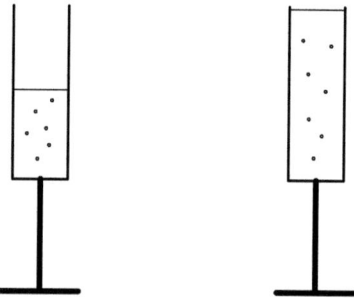

Bei doppelter Höhe ist hier selbstverständlich auch doppelt so viel im Glas.

Doch beim Sektglas in obiger Form ist es rechts achtmal so viel wie links!

Das sieht Dir ähnlich Dieser Unterschied ist doch ganz schön heftig, finden Sie nicht auch? Aber wie ist das möglich? Vergleichen wir zunächst die *Form* (!) der Inhalte der spitzkegeligen Gläser mit den zylindrischen:

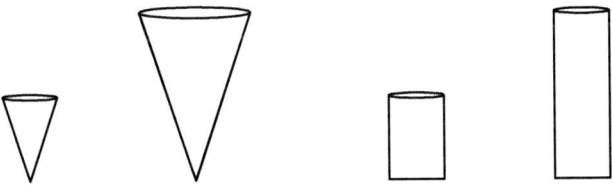

Die spitzkegeligen Formen auf der linken Seite unterscheiden sich nur im *Maßstab*: *In zweifacher Vergrößerung wird aus dem linken Kegel der rechte!* Oder Sie verkleinern den rechten Kegel um die Hälfte und erhalten den linken. Man sagt dazu: Die beiden Kegel sind zueinander *ähnlich*!

Nicht (!) ähnlich zueinander sind die beiden Zylinder auf der rechten Seite! Würden Sie nämlich rechts den großen Zylinder um den Faktor $\frac{1}{2}$ verkleinern, so wäre nicht nur die Höhe, sondern auch der Radius nur halb so groß:

Dieser Minizylinder ist wirklich ähnlich zum großen! Der große oben rechts unterscheidet sich von der Miniversion tatsächlich um den *Maßstabsfaktor 2*. Doch die Inhalte unterscheiden sich nun um den Faktor acht! Analog gilt das auch für die beiden Kegel. Das ist aber gar keine spezielle Eigenschaft von Zylindern oder Kegeln. Es gilt ganz allgemein für *jede räumliche Figur*!

Lässt sich dieses Ergebnis anschaulich erklären?

Würfelspiele Erläutern wir doch kurz den Sachverhalt an einem Würfel! Die Skizze zeigt, was bei einer Maßstabsänderung um den Faktor 2 passiert:

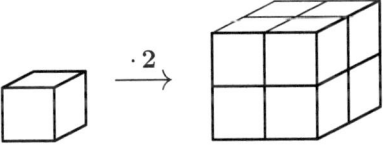

Wir erhalten 8 Würfel von der Größe unseres Ausgangswürfels: 4 Würfel unten, und noch einmal 4 darüber! Das Volumen hat sich verachtfacht!

Das gilt für *jeden* Würfel, die Größe spielt hierbei keine Rolle! Denken wir uns nun den spitzen Kegel oder gleich eine beliebige Figur aus *winzigen* Würfeln zusammengesetzt! Um die Maße des Gegenstands zu verdoppeln, müssen wir nur die Maße der einzelnen Würfel verdoppeln.

Weil sich hierbei gemäß der vorigen Skizze jedes einzelne Würfelvolumen verachtfacht, gilt dies auch für die Summe aller Würfel. Also verachtfacht sich auch das Volumen unseres Gegenstands! Ob es sich um einen Zylinder, Kegel, eine Kugel oder sonst irgend einen Gegenstand handelt, ist völlig egal. Es genügt zu wissen, was bei jedem kleinsten Würfel passiert!

Wenn wir nun einen Würfel nicht mit dem (Maßstabs-) Faktor $f = 2$ ändern, sondern mit dem Faktor $f = 1{,}5$? Das Volumen ändert sich statt um den Faktor $2 \cdot 2 \cdot 2 = 2^3$ dann um den Faktor $1{,}5 \cdot 1{,}5 \cdot 1{,}5 = 1{,}5^3$!

SMS Ändern wir die Kantenlänge a um den Faktor f zu $f \cdot a$,
so ändert sich das Volumen $V = a^3$ zu $(f \cdot a)^3 = f^3 \cdot a^3 = f^3 \cdot V$

Modellbausatz Falls Sie töpfern oder gerne basteln, sollten Sie stets wissen:

Eine maßstabsgerechte Änderung eines Körpers um einen Faktor f bedeutet:

> *Eine Änderung um den Faktor f für die Länge,*   *(f hoch 1).*
> *Eine Änderung um den Faktor f^2 für die (Ober-) Fläche,*   *(f hoch 2).*
> *Eine Änderung um den Faktor f^3 für das Volumen.*   *(f hoch 3).*

Verdoppeln Sie zum Beispiel mit dem Faktor $f = 2$ die Maße einer Figur, so vervierfacht sich die erforderliche Menge zur Lackierung der Oberfläche, aber der Materialbedarf für das Volumen der Figur erhöht sich auf das achtfache!

Auf die vielen Konsequenzen dieses Satzes für Natur und Technik werden wir noch öfter zu sprechen kommen! Kehren wir zunächst zur Party zurück:

Wie viel ist noch in Ihrem Sektglas bei einer Füllhöhe von z. B. nur 80 %? Hier beträgt jetzt der Maßstabsfaktor $f = 0{,}8$. Dadurch ändert sich der Inhalt gleich Volumen, und zwar um den Faktor $0{,}8^3 = 0{,}8 \cdot 0{,}8 \cdot 0{,}8 = 0{,}51$.

Das ist also nur noch die Hälfte des vollen Sektglases. Eine beträchtliche Reduzierung, die kaum auffällt! Das hilft, eine Party besser zu überstehen. Sagen Sie beim Einschenken „Danke, reicht schon!" Bei halber Füllhöhe begnügen Sie sich gar mit einem Achtel einer Füllung. Falls Sie aber Ihren Alkoholspiegel pflegen wollen, bestehen Sie beim Nachschenken einfach auf:

„Bitte richtig voll!"

ICH TRINKE LIEBER SEKT IM WASSERGLAS,
ALS WASSER IM SEKTGLAS!

Krieg und Frieden: $E = m \cdot c^2$

Eine irrwitzige Konstante Der Alltag ist von proportionalen Beziehungen geprägt, also vom Dreisatzrechnen! Erstaunlicherweise gilt das auch für den Alltag der Naturwissenschaftler. Sogar Einsteins Äquivalenz von Masse und Energie ist eine Proportionalität. Verdoppeln Sie die Masse, verdoppelt sich die dazu äquivalente Energie.

Genauer gesagt: Der Quotient aus Energie E und Masse m ist stets konstant gleich c^2. Diese Proportionalitätskonstante ist ungeheuer groß, da die Lichtgeschwindigkeit mit $c \approx 300\,000$ km pro Sekunde unglaublich groß ist. Und erst recht das Quadrat von c!

Man kann die Beziehung $E = m \cdot c^2$ auch nach m auflösen:

$$E = c^2 \cdot m \quad \Leftrightarrow \quad m = \tfrac{1}{c^2} \cdot E$$

Rechts wird die entsprechende Proportionalitätskonstante $\frac{1}{c^2}$ ungeheuer klein! Durch diese ungewöhnlich kleine Konstante merken wir im Alltag nichts von dieser Beziehung. Sobald Sie sich bewegen, gewinnen Sie kinetische Energie. Entsprechend erhöht sich, ob Sie es glauben wollen oder nicht, Ihre Masse! Und falls Sie das Auto nehmen, gilt das auch für Ihren fahrbaren Untersatz:

Wählen wir zum Beispiel eine Geschwindigkeit von 150 km/h in einem Auto von etwa zwei Tonnen Gesamtgewicht. Dann bewirkt Ihre kinetische Energie eine Massenzunahme von etwa 18 Nanogramm = 18 milliardstel Gramm! Zum Vergleich: Das entspricht ungefähr dem tausendstel einer Augenwimper. Deswegen benötigen Sie also noch keinen stärkeren Motor!

SMS
$$E_{kin} = \tfrac{1}{2} \cdot 2\,000\,\text{kg} \left(\frac{150\,000\,\text{m}}{3600\,\text{s}} \right)^2 = 1\,736\,111 \cdot \text{kg} \cdot \text{m}^2 \cdot \text{s}^{-2}$$

$$m = \frac{1}{(299\,792\,458\,\text{m/s})^2} \cdot 1\,736\,111 \cdot \text{kg} \cdot \text{m}^2 \cdot \text{s}^{-2} \approx 18 \cdot 10^{-9}\,\text{g}$$

Für die Arbeit von Physikern an Teilchenbeschleunigern ist das aber Alltag: Damit ihnen die superschnellen Teilchen nicht enteilen, werden diese durch Magnetfelder in eine Kreisbahn gezwungen. Schneller als das Licht ist zwar nicht möglich, aber bei jedem Umlauf kann man ihnen durch elektrische Wechselfelder Energie zuführen. Diese Energiezunahme erhöht aber ihre Masse auf *ein Vielfaches ihrer Ruhemasse*! Um die Kreisbahn zu halten, erfordert das immer stärkere Magnetfelder.

Und wenn das nicht mehr reicht, muss man den Radius vergrößern, um die Zentrifugalkraft zu verringern. Dadurch werden diese Teilchenbeschleuniger immer größer und teurer!

Kernspaltung Wenn schwere Elemente wie radioaktives Plutonium oder Uran zerfallen, besitzt *die Summe der Zerfallsprodukte* eine geringere Masse als die Ausgangssubstanz. Die fehlende Differenz wird als Energie frei! Das nutzt man weltweit in Atomreaktoren.

Ungebremst verläuft der Vorgang ab einer kritischen Masse in Form einer Kettenreaktion explosionsartig. Die zerstörerische Kraft der Kernspaltung (Kernfission) bewiesen die beiden Atombomben, die im zweiten Weltkrieg von den Amerikanern auf Hiroshima und später auf Nagasaki abgeworfen wurden. Bei der Explosion dieser Bomben wurden rein rechnerisch nur wenige Gramm Masse in Energie umgewandelt!

Sonnenenergie Erst die Sonne ermöglicht alles Leben auf unserer Erde! Doch wie erzeugt sie so viel Energie und über einen so langen Zeitraum? Verbrennt sie riesige Mengen an Kohle in einer Atmosphäre aus Sauerstoff? Doch die Berechnungen ergaben, dass die Sonne mit diesem Verfahren schon längst in Schutt und Asche liegen würde. Außerdem besteht sie vor allem aus Wasserstoff! Doch wie auch immer, es handelt sich auf keinen Fall um chemische Verbrennungsenergie. Vielmehr geht es auch hier um *Kernenergie*.

Im Wesentlichen entsteht bei diesem Prozess, der ungeheure Temperaturen voraussetzt, aus je 4 Wasserstoffkernen H ein Heliumkern He:

Kernfusion: 4 H ergibt 1 He + sehr viel Energie

Hierbei wird durch die Kernbindung Energie freigesetzt. Dieselbe Energie wäre notwendig, um Heliumkerne wieder in Wasserstoff zu zerlegen.

Und wie war das nochmal mit der Masse und Energie: Die Heliumkerne sind tatsächlich zirka 0,7 % leichter als die entsprechenden 4 Wasserstoffkerne! Bei einer Tonne Wasserstoff fehlen somit am Ende 0,7 % gleich 7 Kilogramm.

Hier geht es also nicht wie beim Auto um Nanogramm, sondern um ganz andere Größenordnungen! Durch den Energieverlust verliert die Sonne pro Sekunde unvorstellbare 4 Millionen Tonnen an Masse. Soviel Masse wird jede Sekunde gemäß $E = m \cdot c^2$ in Energie umgewandelt. Das entspricht der Energie von etwa tausend Milliarden Hiroshimabomben pro Sekunde! Unglaublich, dass trotzdem der Wasserstoffvorrat unserer Sonne noch für Milliarden von Jahren ausreicht!

Die friedliche Nutzung dieser Kernverschmelzung steckt leider immernoch in den Kinderschuhen – doch als Wasserstoffbombe ist sie eine fürchterliche Waffe! Übrigens entstehen in den Sternen durch Kernfusion auch noch weit *schwerere* Elemente als Helium. Bei Elementen wie Blei oder Eisen ist allerdings Schluss mit der Freisetzung von Energie! Beim Aufbau noch schwererer Kerne wird Energie verbraucht.

Beim Zerfall (Fission) wird diese Energie wieder frei! Auch das radioaktive Ausgangsmaterial für die Atombomben und Kernreaktoren wurde also von Sternen erzeugt.

Viele kennen die Unterschiede zwischen Atom- und Wasserstoffbombe nicht. Der eine ist Kern*fission* und Kern*fusion*, der andere Unterschied die viel größere Zerstörungskraft einer Wasserstoffbombe:

Zum Zünden einer Wasserstoffbombe benutzt man eine Atombombe!

Der Blöde-Mass-Index

auch kurz BMI genannt. Bitte entschuldigen Sie das Wortspiel, aber so mancher mag den Body–Mass–Index vermutlich nicht! Tatsächlich hält er sich auch nicht an unsere Modellbauregeln von Seite 18. Allerdings gibt es dafür gute Gründe, wie wir noch sehen werden.

Gemäß Schöpfungsgeschichte und anderen Mythologien hat Gott den ersten Menschen aus Lehm geformt. Die Mustervorlage war wohl 'Herr Mustermann'. Um konkret und einfach rechnen zu können, geben wir diesem Modell eine feste 'Körpergröße' von einem Meter.

Wie wir heute rückwirkend feststellen können, muss wohl dieses geschmeidige Muster aus Lehm ein Gewicht zwischen 19,0 und 25,0 Kilo auf die Waage gebracht haben.

Lobbyarbeit Und nun ging es um die weiteren Details der Ausführung. Ein doppelt so großer Adam, also mit einer Körperhöhe h von 2 Metern, würde nach dem 'Modellbausatz' das $2^3 = 8$–fache auf die Waage bringen! Maximal wären das also stolze $8 \cdot 25 = 200$ kg gewesen!

Bei einer Körperhöhe h von 1,5 m wäre entsprechend das $1,5^3$-fache von 25 kg zulässig. Das sind immerhin 84 kg. Die meisten von uns müssten sich um ihr Gewicht keinerlei Sorgen machen! Vorausgesetzt natürlich, es handelt sich immer nur um eine maßstabsgerechte Vergrößerung des Mustermodells.

SMS Gewicht $G = h^3 \cdot B$, B ein Wert zwischen 19 und 25. Der B–Wert als 'Bodybuildingfaktor' zur freien Ausgestaltung.

Doch schon kam die Lobby der Pharmaindustrie, vermutlich in Gestalt einer Äsculapnatter und zischte (medi-) zynisch: „Du musst ihn so konstruieren, dass er nicht so sorglos leben kann." Warum denn auch, dachte Gott bei sich, und wischte sich den Schweiß von der Stirn. So wurde plötzlich alles filigran, von einer künstlerischen Zerbrechlichkeit und Anfälligkeit:

Er verwandelte seine lehmige Mustervorlage in ein kompliziertes Konstrukt aus Fleisch und Blut, mit unzähligen Knochen, mit Sehnen und Gelenken, mit inneren Organen, kurzum: Es wurde die Geburtsstunde der Medizin! Als Zeichen des Dankes finden Sie auch heute oft noch den Äsculapstab mit einer Äsculapnatter als Symbol des ärztlichen und pharmazeutischen Standes! Oder fragen Sie einfach Ihren Arzt oder Apotheker.

Vom Modell zum Model Die Erklärung liefert wieder die Mathematik: Betrachten wir zum Beispiel einen einzelnen Knochen oder irgendeine Sehne. Wenn Sie etwa die Maße einer Sehne verdoppeln, verdoppelt sich ihr Radius. Die Querschnittsfläche und somit die Belastbarkeit vervierfacht sich.

Das klingt super und ist genau wie bei einem Quadrat. Das Verdoppeln der Maße vervierfacht die (Belastungs-) Fläche:

Der Haken an der Sache:

Falls Sie alle Maße verdoppeln, steigt Ihr Gewicht auf das achtfache, (s. S. 18). Ein doppelt so großer Mensch darf allerdings nur viermal so viel wiegen, sollen seine Knochen, Sehnen und Gelenke nicht darunter leiden!

Ein großer Mensch sollte vergleichsweise schlanker sein als ein kleiner!

Oder mathematisch, das Gewicht sollte lediglich mit dem Faktor h^2 wachsen, das heißt: $G = h^2 \cdot B$. *Dann entspricht die Belastung auch der Belastbarkeit!*

SMS Gewicht $G = h^2 \cdot B$, B ein Wert zwischen 19 und 25.
Der B–Wert der korrigierten Beziehung heißt 'Body-Mass-Index'.

Tabellen Für jede Größe h lassen sich die Schranken für das zuträgliche Körpergewicht ermitteln, gemäß $G = h^2 \cdot B$. Die obere Gewichtsschranke G_o erhält man mit dem Faktor $B = 25$, die untere G_u mit dem Faktor $B = 19$.

Die Deutsche Gesellschaft für Ernährung (DGE) wählt die Grenzen genauer. Sie berücksichtigt zum Beispiel, dass Männer einen höheren Anteil Muskelmasse besitzen als Frauen und hält daher für Männer nur Werte von B zwischen 20 und 25 für angemessen.

Bei den Frauen mit ihrem schmaleren Körperbau sind es dagegen B–Werte zwischen 19 und 24. Das ergibt nun für

Männer:

h	1,50	1,55	1,60	1,65	1,70	1,75	1,80	1,85	1,90	1,95	2,00	2,05
G_o	56	60	64	68	72	77	81	86	90	95	100	105
G_u	45	48	51	54	58	61	65	68	72	76	80	84

(Die Angaben von h in Meter, das Gewicht G auf ganze Kilogramm gerundet.)

Frauen:

h	1,50	1,55	1,60	1,65	1,70	1,75	1,80	1,85	1,90	1,95	2,00	2,05
G_o	54	58	61	65	69	74	78	82	87	91	96	101
G_u	43	46	49	52	55	58	62	65	69	72	76	80

(Für Kinder gelten andere Tabellen, da ihre Proportionen noch nicht denen von Erwachsenen entsprechen.)

Des Pudels Kern Die grundlegende Gleichung $G = h^2 \cdot B$ kann man natürlich auch durch h^2 dividieren. Der Body-Mass-Index B wird auch mit BMI abgekürzt. Das ergibt:

$$\frac{G}{h^2} = BMI$$

Frauen: $19 \leq BMI \leq 24$ Männer: $20 \leq BMI \leq 25$

Der BMI ist zwar ein wenig umstritten, aber er gilt noch immer als guter Anhaltspunkt. Vor allem ist er leicht auszurechnen. Ein Zahlenbeispiel:

$G = 81$ kg, $h = 1,80$ m ergibt den BMI: $\dfrac{81}{1,80^2} = 25.$

Das liegt bereits an der oberen Grenze. Darüber beginnt das 'Übergewicht'. Bei einem BMI–Wert über 30 spricht der Arzt von 'Adipositas'. Das ist der medizinische Ausdruck für Fettleibigkeit.

Leider steigt bei einem BMI über 30 das Risiko für Bluthochdruck, koronare Herzerkrankungen, orthopädische Überlastungsschäden und Typ–2 Diabetes stark an. Amerikanische Lebensversicherungen berücksichtigen den BMI für die zu zahlende Prämie. In einigen deutschen Bundesländern spielt auch der BMI bei der Verbeamtung eine Rolle.

Man kann den Spieß natürlich auch umdrehen, also vom Gewicht ausgehen! Zum Beispiel sollte ein Mann bei einem Gewicht von 81 kg mindestens 1,80 m groß sein! Hierfür liefert der Quotient G durch h^2 genau den BMI-Wert 25. Vergleichen Sie einfach mit dem oben angegebenen Zahlenbeispiel!

Ist der Nenner h^2 aber kleiner, wird dieser Quotient leider größer als 25. Oder einfacher ausgedrückt:

„Ich bin gar nicht übergewichtig, ich bin nur etwas untergroß".

Pythagoras bleibt übrig

Wer hat eigentlich zuerst den Satz des Pythagoras bewiesen? Wenn ich schon so frage, werden Sie vermutlich hellhörig. Richtig, es war nicht Pythagoras, der diesen berühmten Lehrsatz bewiesen hat, und schon gar nicht als erster! Dabei ist das gar nicht so schwierig:

Der-was-noch-übrig-bleibt-Beweis Wählen wir uns ein rechtwinkliges Dreieck mit den Seiten a, b, c. Die Winkelsumme im Dreieck beträgt bekanntlich 180°. Verbleiben im *rechtwinkligen* Dreieck für α und β noch: $\alpha + \beta = 90°$!

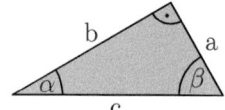

Es geht los: Wir zeichnen zwei gleichgroße Quadrate mit der Seitenlänge a + b!

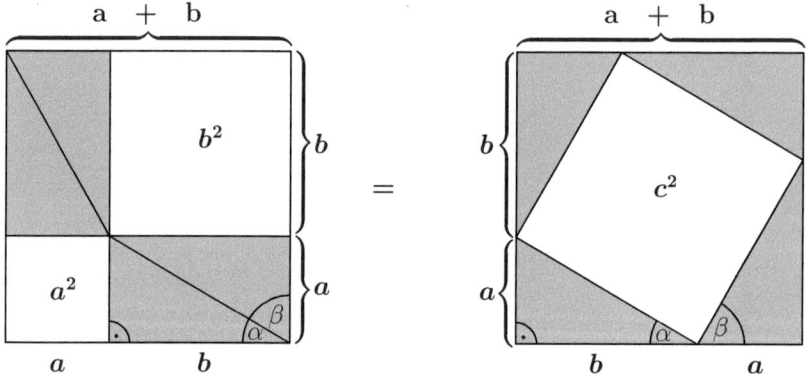

In das eine Quadrat legen wir vier Exemplare unseres Dreiecks, so wie links skizziert. In das andere Quadrat kommen ebenfalls vier, aber so wie rechts.

In beiden Quadraten, links genau wie rechts, bleibt also gleich viel übrig!

Links sind es die beiden Quadrate a^2 und b^2, rechts bleibt c^2. Das bedeutet:

$$a^2 + b^2 = c^2$$

Man muss nur genau hinsehen! Dass sich rechte Winkel ergeben, folgt aus $\alpha + \beta = 90°$. Da bleiben dann auch noch 90° für die Winkel des c–Quadrats!

Es soll hunderte (!) verschiedene Beweise dieses Satzes geben! Ehrlich gesagt, ich kenne nur drei davon, und den vorigen finde ich am schönsten!

Ein geschickter Winkelzug Interessanterweise gilt auch die Umkehrung des Satzes. Das heißt also: Gilt für die Seiten eines Dreiecks die Beziehung $a^2 + b^2 = c^2$, so beträgt der Winkel zwischen a und b genau $90°$.

Ein einfaches Zahlenbeispiel bilden die drei Zahlenwerte $a = 3$, $b = 4$, $c = 5$:

$$3^2 + 4^2 = 5^2,$$

denn $9 + 16 = 25$. Somit *muss* das entsprechende Dreieck rechtwinklig sein:

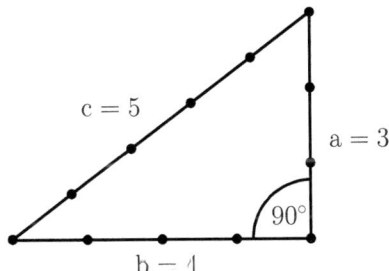

Knüpfen Sie also in regelmäßigen Abständen Knoten in ein Seil, können Sie gemäß obiger Skizze mit der Kombination von 3, 4, 5 Knotenabständen einen rechten Winkel konstruieren! Man spricht in Schulbüchern hier vom 'ägyptischen Knotenseil" oder der 'Zwölfknotenschnur', obwohl nicht belegt ist, ob die Ägypter den Zusammenhang zwischen diesem (3,4,5)–Dreieck und seiner Rechtwinkligkeit bereits kannten.

Die Knoten könnten in Abständen von einem Zentimeter angebracht sein, aber genau so gut in größeren Abständen von einem Inch oder einem Meter!

Handwerker benutzen heute noch die Seitenlängen 30 cm, 40 cm, 50 cm, oder auch 60 cm, 80 cm, 100 cm zur Schnellkonstruktion rechter Winkel! Man nennt eine solche Kombination dreier positiver, ganzer Zahlen ein 'pythagoräisches Tripel'. Die Reihenfolge der drei Zahlen spielt keine Rolle.

Ganzzahlige Vielfache eines pythagoräischen Tripels ergeben wiederum ein pythagoräisches Tripel: (6, 8, 10) oder (30, 40, 50) sind nur Vielfache des 'Basistripels' (3, 4, 5).

Weitere Basistripel sind (5, 12, 13), (8, 15, 17), und es ist unmöglich, sie alle aufzuzählen. Es gibt nämlich unendlich viele davon! Allerdings ist ihre Bestimmung gar nicht so einfach, wie man zunächst denkt. Probieren Sie es doch mal aus! Die Aufgabe lautet:

a, b, und c müssen ganzzahlig sein und die Bedingung $a^2 + b^2 = c^2$ erfüllen!

Wählen wir z.B. $a = 2$, $b = 3$, so gilt $a^2 + b^2 = 13$. Das bedeutet $c^2 = 13$, beziehungsweise $c = \sqrt{13}$. Gesucht ist aber ein *ganzzahliger* Wert für c. Ganz so einfach lassen sich also keine weiteren Basistripel finden!

Alle auf einen Streich Für einen vollständigen Beweis fehlt hier der Platz:

> **SMS** Wähle zwei ungerade, teilerfremde Zahlen $x > y$, $(x, y \in \mathbb{N})$. Bilde
> $a = x \cdot y$, $b = \frac{x^2 - y^2}{2}$, $c = \frac{x^2 + y^2}{2}$. Hierfür gilt $a^2 + b^2 = c^2$. Beweis:
> $$(x \cdot y)^2 + \left(\frac{x^2}{2} - \frac{y^2}{2}\right)^2 = x^2 y^2 + \frac{x^4}{4} - \frac{x^2 y^2}{2} + \frac{y^4}{4} = \frac{x^4}{4} + \frac{x^2 y^2}{2} + \frac{y^4}{4} = \left(\frac{x^2}{2} + \frac{y^2}{2}\right)^2$$

Das obige Berechnungverfahren stammt von Euklid (ca. 360–280 v.Chr.). In Griechenland bestimmte wohl aber Pythagoras (ca. 570–510 v.Chr.) als einer der ersten ein solches Berechnungsverfahren. Im Gegensatz zu Euklid lieferte seine Vorgehensweise jedoch nicht sämtliche Basistripel.

Erstaunlicherweise kannten die alten Babylonier bereits ca. 1700 v.Chr. ein Berechnungsverfahren *und* den Zusammenhang mit rechtwinkligen Dreiecken. Der Lehrsatz des Pythagoras ist viel älter als die altgriechische Mathematik!

Wer hätte das gedacht Zu letzter Anmerkung ein erstaunliches Zitat:[*]

„Sehr wahrscheinlich hat Pythagoras nicht gewusst, dass man aus diesen Tripeln (4, 3, 5), (12, 5, 13), (24, 7, 25), ... rechtwinklige Dreiecke gewinnen kann. *Mit Sicherheit aber hat er den nach ihm benannten Lehrsatz für beliebige rechtwinklige Dreiecke nicht gekannt,* so dass auch die Fama, Pythagoras habe nach Entdeckung des Satzes den Göttern hundert Ochsen als Dankopfer dargebracht, ins Reich der Fabel verwiesen werden muss."

Tatsächlich ist Pythagoras sehr umstritten, Schriften sind nicht überliefert, antike Hinweise, mehr als 500 Jahre nach seinem Tod, voller Widersprüche und Legenden. Die bekannteste, ihm heute zugesprochene Aussage lautet: „Alles ist Zahl". Vermutlich war Pythagoras sowohl der Führer einer Sekte als auch ein großer Philosoph und Wissenschaftler. Und wer weiß schon jetzt:

Wem wird in weiteren 2500 Jahren die Formel $E = m \cdot c^2$ zugesprochen?

Damit wir uns nicht umstellen müssen, bleibt eigentlich nur einer übrig:

---

[*]Aus: A. M. FRAEDRICH, *Die Satzgruppe des Pythagoras*, B.I. Mannheim; Leipzig; Wien; Zürich 1995. Die Autorin kommentiert hier auf S. 132 das Verfahren des Pythagoras zur Bestimmung der nach ihm benannten Tripel.

Flohzirkus

Ein verbreiteter Trugschluss Der nur etwa 3 mm große Menschenfloh vermag aus dem Stand zirka 30 cm hoch zu springen, das 100–fache seiner Körpergröße! Wir überspringen noch nicht einmal die doppelte Körperhöhe! Außerdem ist er in der Lage, ein Vielfaches seines Körpergewichts zu ziehen oder zu heben, und ähnliches mehr. Der Floh scheint ein wahrer Athlet und Anwärter für die Goldmedaille im Zehnkampf zu sein. Gelegentlich lässt sich dieses flügellose Insekt im Flohzirkus auf Jahrmärkten bestaunen.

Dass der arme Zirkusdirektor den kleinen Vampiren sein Blut opfern muss, wird er überleben, solange sie keine gefährlichen Krankheiten übertragen.

Bleiben wir beim Thema Hochsprung. Es wird gerne gefolgert, dass ein Mensch bei einer Körpergröße von beispielsweise 1,70 m, sozusagen als Floh dieser Größe, vergleichsweise 170 Meter hoch springen müsste.

Dieser simple Vergleich ist ein großer Trugschluss, und das wollen wir gleich ausführlich begründen. Hierzu lassen wir in Gedanken auch den Floh etwas größer werden! Würde er dann zum vielbestaunten World–Champion?

Schwung holen Selbstverständlich sind auch wir zu einem 30 cm Sprung in der Lage, genauer gesagt, unseren Schwerpunkt 30 cm nach oben zu bringen. Die hierzu benötigte Sprungenergie erhalten wir über unsere viel höhere Sprungkraft. Doch Kraft allein bedeutet noch keine Energie. Zum Beispiel wirkt auf uns ständig die Schwerkraft, ohne dass wir dadurch Arbeit leisten oder Energie gewinnen!

Eine fundamentale Erkenntnis der Physik lautet: Arbeit ist gleich Kraft K, multipliziert mit der in Richtung Kraft zurückgelegten Strecke s: $A = K \cdot s$. Wenn wir also nach oben springen, helfen uns die beim Absprung tätig werdenden langen Beine, so lange sie noch den Boden berühren. Man nennt das auch 'Schwung holen'.

Doch nun zur eigentlichen Frage zurück:

Der Superfloh *Könnte ein 5-mal so großer Floh auch 5-mal höher springen?* Diese proportionale Zunahme von Sprungvermögen und Körpergröße legt der oben zitierte Vergleich jedenfalls zu Grunde! Zunächst einmal die Frage: Wie sieht es eigentlich mit seiner Muskelkraft aus?

Es genügt zu wissen, dass die Muskelkraft proportional zur Querschnittsfläche der Muskeln wächst. Bei einer Vergrößerung um den Maßstabsfaktor 5 wächst aber jede Fläche um den Faktor $5^2 = 5 \cdot 5 = 25$, siehe 'Modellbausatz' auf Seite 18. Da sich also die Querschnittsfläche der Muskeln um den Faktor 25 vergrößert, erhöht sich auch die Anzahl aller Muskelfasern bzw. seine Sprungkraft um diesen Faktor!

Machen Sie sich klar:

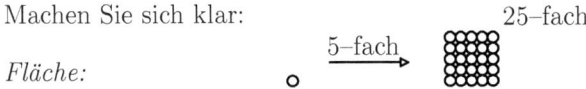

Fläche:

Außerdem sind auch noch seine Beine 5-mal so lang, was folglich bedeutet: Auch der Weg, den die Beine beim Absprung zurücklegen, wächst um den Faktor 5. Nun fassen wir einfach zusammen:

Die verfügbare Energie E wächst gemäß „Kraft mal Weg" insgesamt auf das 25 mal 5 = 125–fache! Anscheinend hat der Superfloh die allerbesten Aussichten, seinen Körper in unglaubliche Höhen schnellen zu lassen?

Die Enttäuschung Was wir noch nicht berücksichtigt haben: Auch sein Volumen und somit sein Körpergewicht sind gemäß Modellbaugesetz auf das $5^3 = 125$–fache gestiegen! Das wurde auf S. 17/18 bereits erklärt:

Volumen und Gewicht vergrößern sich um den Faktor $5^3 = 5 \cdot 5 \cdot 5 = 125$.

Der große Floh muss also ein Gewicht von 125 der kleinen Kollegen nach oben stemmen! Für die gleiche Sprunghöhe wie bisher benötigt er somit die 125–fache Energie! Und mehr hat er durch seine Vergrößerung auch nicht zur Verfügung! Es ist schon erstaunlich:

Das Sprungvermögen des Flohs ist unabhängig von seiner Körpergröße!

Und sonst noch? Die Sprunggeschwindigkeit eines kleinen und eines großen Flohs sind natürlich ebenfalls gleich. Um eine bestimmte Höhe zu erzielen, benötigt man ja beim *Absprung* die gleiche Geschwindigkeit wie man sie beim *Herunterfallen* aus dieser Höhe erreichen würde!

> **SMS** $E_{pot} = m \cdot g \cdot h$, $E_{kin} = \frac{1}{2} m \cdot v^2$, $E_{kin} = E_{pot} \Rightarrow v = \sqrt{2g \cdot h}$, $g = 9{,}8 \frac{m}{s^2}$
> Eine Höhe von 2,70 Meter ergäbe v = 7,3 Meter pro Sekunde $\approx$ 26 km/h.

Absprunggeschwindigkeit in Meter pro Sekunde

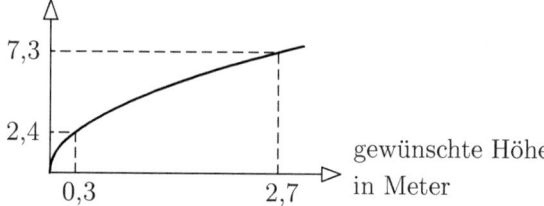

Die Graphik zeigt uns zum Beispiel folgende Werte:

Für eine Sprunghöhe von 30 cm benötigt man bereits eine Geschwindigkeit von 2,4 m/s bzw. von 8,7 km/h. Für 2,70 m wären es 7,3 m/s bzw. 26 km/h.

Die Größe oder das Gewicht ändern daran nichts. Das hat bereits Galileo Galilei überprüft, indem er verschieden große Steine vom schiefen Turm von Pisa herunterfallen ließ. Alle Kandidaten kamen gleichzeitig unten an!

Einen Unterschied zwischen klein und groß gibt es dabei aber doch noch:

Durch den geringeren Weg, den die Beine beim Absprung zurücklegen können, muss der kleine Floh die *Geschwindigkeit* zum Absprung *in kürzerer Zeit* erreichen. Er muss sozusagen schneller Schwung holen. Das gelingt nur mit einer *hohen Beschleunigung* durch einen 'Katapult–Mechanismus'.

Die Gewinner Um seinen Schwerpunkt(!) 2,70 Meter höher zu bringen, müsste man wie ausgerechnet, nach oben eine Geschwindigkeit von 26 km/h beim Absprung erreichen. Das schafft kein Mensch! Große Menschen tragen jedoch ihren Schwerpunkt bereits in entsprechend großer Höhe! Dadurch sind sie beim Hochsprung natürlich begünstigt. Aber schauen Sie sich Olympia-Hochspringer an: Muskelprotze sind das nicht!

Entscheidend sind die Sprungtechnik, die Qualität der Muskeln, die Gestalt der Glieder zur Umsetzung des Sprungs und vieles mehr. Die maximale Sprunghöhe von Katzen, Hunden, Leoparden, Antilopen und anderer Tiere liegt bei ungefähr 2,70 m. Da sind auch unsere Olympioniken geschlagen!

Somit fällt der Floh in der Rangfolge weit zurück. Zu seiner Ehrenrettung sei gesagt, dass er wegen seiner winzigen Ausmaße stark vom Luftwiderstand gebremst wird, aber zu einer Medaille reicht es deswegen noch lange nicht!

Beim Hochsprung halten sich die Zunahme von Sprungvermögen und des Energieaufwands wunderbarerweise die Waage. Doch nur selten gleichen sich verschiedene Tendenzen derart aus. Betrachten wir auch andere Disziplinen:

Fliegende Elefanten gibt es nicht! Vergrößern wir einen Vogel mit dem Maßstabsfaktor 5, vergrößert sich seine Flügeloberfläche um den Faktor 25, sein Volumen bzw. Gewicht um den Faktor 125. Die Grenze liegt bei 15 kg Körpergewicht. Die hat zum Beispiel der Vogel Strauß weit überschritten, er ist zum Laufvogel geworden. Beim Flugzeug gelingt der nötige Auftrieb nur durch Geschwindigkeiten, die ein Vogel nicht erreicht oder beim Fliegen nicht aushält.

Blattschneiderameisen können über weite Strecken das 12–fache ihres Körpergewichts tragen. Im Vergleich zu größeren Tieren oder zum Menschen sind sie klar im Vorteil. Vergrößern wir nämlich die Ameise z.b. wieder nur um den Faktor 5, so wächst zwar ihre Muskelkraft um den Faktor $5^2 = 25$, ihr Körpergewicht aber um den Faktor $5^3 = 125$.

Auch bei der Statik führt eine Vergrößerung zu Problemen. Ein Funkturm so schlank wie ein Grashalm ist aus statischen Gründen nicht möglich. Das Empire State Building hätte bei diesen Proportionen einen unteren Durchmesser von nur 2 Metern. Elefanten bewegen sich an einem Hang nur äußerst vorsichtig. Sie brächen sich bei einem Flohsprung womöglich die Beine – die Tragfähigkeit der Knochen und Zugfestigkeit der Sehnen wachsen nur proportional zur Querschnittsfläche! Ein Fabelwesen wie der Riesenaffe King–Kong im Hochhausformat ist schlicht unmöglich!

Die Welt im Großen ist nicht die vergrößerte Welt im Kleinen!

Jedoch gerade dieser Umstand führt zu dieser enormen Vielfalt in der Natur, und zu höchst verschiedenartigen Lösungen in Industrie und Technik.

Goethe und Jack the Ripper

Phantastilliarden Entschuldigen Sie, dass ich den deutschen Dichterfürsten 'in einem Atemzug' mit einem berüchtigten britischen Massenmörder nenne! Zum Schluss wird sich das alles aufklären, vor allem das mit dem Atemzug.

In erster Linie geht es hier um unvorstellbar große Zahlen! So schätzt man das Privatvermögen von Bill Gates, dem Mitbegründer der Firma Microsoft, auf etwa 50 Milliarden Euro. So hoch schätzt man auch das Vermögen von Ingvar Kamprad, dem inzwischen verstorbenen Gründer der Firma Ikea.

Nun stellen Sie sich spaßeshalber einmal vor, einer dieser Herren würde Ihnen in seinem Testament nur ein einziges Promille seines Vermögens vermachen! Könnten Sie das überhaupt ausrechnen, und hätten Sie damit ausgesorgt?

Nun sind Millionen– und Milliardenbeträge für uns nicht gerade alltäglich, aber verwechseln darf man sie trotzdem nicht. Fangen wir ganz von vorne an. An die sehr nützliche Schreibweise mit Exponenten kann man sich durchaus gewöhnen. Sonst wird einem angesichts so vieler Nullen leicht schwindelig! Der entscheidende Faktor ist Tausend, $1\,000 = 10 \cdot 10 \cdot 10 = 10^3$:

1 Million:	$1\,000\,000$	$=$	$1\,000 \cdot 10^3$	$=$	$10^3 \cdot 10^3$	$= 10^6$
1 Milliarde:	$1\,000\,000\,000$	$=$	$1\,000 \cdot 10^6$	$=$	$10^3 \cdot 10^6$	$= 10^9$
1 Billion:	$1\,000\,000\,000\,000$	$=$	$1\,000 \cdot 10^9$	$=$	$10^3 \cdot 10^9$	$= 10^{12}$
1 Billiarde:	$1\,000\,000\,000\,000\,000$	$=$	$1\,000 \cdot 10^{12}$	$=$	$10^3 \cdot 10^{12}$	$= 10^{15}$

1 Million gleich 10^6, gesprochen „Zehn hoch Sechs", ist leicht zu merken:

Mit **6** Richtigen im Lotto können Sie 1 Million $= 10^6$ € und mehr gewinnen, aber selten tausendmal so viel, also 1 Milliarde $= 10^9$ €! Es sei denn, wir bekämen eine unglaublich hohe Inflation. Aber dann laufen Sie schnell zur Auszahlung, sonst ist auch dieser Lottogewinn bald nichts mehr wert!

Wie hoch wäre nun Ihr fiktives Erbe, also 1 Tausendstel von 50 Milliarden? Offensichtlich lautet das Ergebnis 50 Millionen, denn der tausendste Teil einer Milliarde ergibt 1 Million. Mit diesem Erbe hätten Sie ausgesorgt! Man könnte es auch als 0,05 Milliarden schreiben. Das erscheint plötzlich so wenig, ein beliebter Trick in der Politik: Eine Ersparnis von 300 Millionen ist riesig, bei einer Ausgabe dieses Betrags spricht man von 0,3 Milliarden!

Die Amerikaner kennen keine Milliarden, sie nennen diese gleich „billions". Bei uns kommen nach Billiarden die Trillionen, Trilliarden, Quadrillionen ... Ein gewisser Dagobert Duck aus Entenhausen schwimmt in Phantastilliarden!

Goldgrube Meer Neben vielen Stoffen enthält Meerwasser auch Gold, und zwar rund 14 Tonnen pro Kubik–Kilometer. Sie haben richtig gelesen: Es handelt sich hierbei um Tonnen, nicht um einige Gramm oder Kilogramm! Eine Goldgrube für Goldfinger? Doch leider nicht! Ein Kubik-Kilometer, also ein Würfel mit der Kantenlänge 1 Kilometer, hat ein Volumen von 1 Milliarde Kubikmeter. Verteilen Sie darin 14 Tonnen Gold, erhalten Sie das ernüchternde Ergebnis:

1 Kubikmeter Meerwasser enthält 14 Milligramm Gold!

SMS $1 \, \text{km}^3 = (1000 \, \text{m})^3 = 10^9 \, \text{m}^3$.

$1 \, \text{t} = 1000 \, \text{kg} = 1000 \cdot 1000 \, \text{g} = 10^6 \cdot 1000 \, \text{mg} = 10^9 \, \text{mg}$

Das sind aber nur 14 Mikrogramm = 14 millionstel Gramm Gold *pro Liter*! Zum Vergleich: Die Urankonzentration von Trinkwasser darf bis zu 10 Mikrogramm pro Liter betragen. Auch heute kennt man noch kein lohnendes Verfahren, um derartig geringe Mengen herauszufiltern. Der Chemiker Fritz Haber versuchte dies bereits nach dem ersten (!) Weltkrieg mit dem Ziel, Deutschlands Kriegsschulden zu bezahlen.

Die letzten Schulden des ersten Weltkriegs wurden 2010 endgültig getilgt, wenn auch nicht mit Gold aus dem Meer! Doch an solchen Verfahren wird heute noch gearbeitet. Viele wichtige Rohstoffe werden immer knapper.

Donauwellen am Rhein Aller Anfang ist schwer, sogar für die Donau. Im Landkreis Tuttlingen zwischen Immendingen und Fridingen versickert das Donauwasser durch Spalten und Klüfte der verkarsteten Landschaft der schwäbischen Alb. Es handelt sich insgesamt um bis zu 20 000 Liter pro *Sekunde*, wodurch das Flussbett der Donau oft monatelang trocken bleibt!

Die Donau im Untergrund auf der Flucht, wo bleiben solche Wassermassen? Schon lange verdächtigte man die etwa 12 Kilometer entfernte Aachquelle, auch Aachtopf genannt. Im Oktober 1877 schüttete der Geologe Adolf Knop 10 kg grünes Natriumfluorescein in die Donau als 'Tracer', übrigens chemisch nahe verwandt mit Eosin, dem ebenso kräftigen Farbstoff der roten Tinte.

Trotz der ungeheuren Verdünnung sah man wenige Tage später 'prachtvoll grünleuchtendes' Wasser im Aachtopf. Mit der Aach gelangt das Donauwasser bei Radolfzell in den Bodensee und somit schließlich in den Rhein! Der genannte Farbstoff hilft auch heute noch Schiffbrüchigen: 100 Gramm davon markieren deutlich sichtbar bis zu 1000 Quadratmeter Meeresfläche.

Eine Luftnummer Heutzutage ist es beinahe schon möglich, einzelne Moleküle gewisser Verbindungen nachzuweisen. Die Anzahl der Moleküle ist unvorstellbar groß. Um bei Gasen wie Sauerstoff oder Stickstoff zu bleiben: Bei Zimmertemperatur und normalem Atmosphärendruck sind es $2,5 \cdot 10^{25}$ pro Kubikmeter. Das gilt auch für Gemische solcher Gase wie die Atemluft. Auch wenn wir uns diese Zahl kaum vorstellen können, es bleibt wie es ist: Luft enthält ungefähr $2,5 \cdot 10^{25}$ Moleküle pro Kubikmeter!

> **SMS** 1 Mol Gas $\simeq 6 \cdot 10^{23}$ Moleküle (Avogadro-Zahl) $\simeq 24$ L bei $20°$ C.
> : Das ergibt $0,25 \cdot 10^{23}$ Moleküle pro Liter bzw. $2,5 \cdot 10^{25}$ pro Kubikmeter.

Gleich kommt es Da wir gerade so schön am Rechnen sind: Pro Atemzug atmen wir etwa $\frac{1}{2}$ Liter Luft ein und natürlich wieder aus. Pro Minute sind das *mindestens* 4 Liter! Nun genügt schon ein einfacher Taschenrechner: Nach 1 Tag macht das $5,76$ m^3 und *nach 20 Jahren* schon mehr als $4 \cdot 10^4$ m^3. Multipliziert mit der Anzahl der Moleküle folgt also:

Jeder Mensch atmet insgesamt mehr als 10^{30} Moleküle ein und wieder aus.

Das gilt auch für Johann Wolfgang von Goethe, er atmete beinahe 83 Jahre. Also mehr als das Vierfache! Aber nachher sagen Sie mir, dass Goethe besonders flach atmete, oder beim Schlafen besonders viele Aussetzer hatte. Dann hole ich schnell wieder den fehlenden Faktor vier aus der Reserve! Sie ahnen noch nichts Böses? Warten Sie noch ein bisschen, es kommt gleich. Wir wollen diese 10^{30} Moleküle nämlich in der gesamten Lufthülle verteilen!

Das Luftvolumen der Erde beträgt ungefähr $5 \cdot 10^{18}$ m^3.

> **SMS** Oberfläche Erdkugel: $F = 4\pi (6\,400\,\text{km})^2 = 5 \cdot 10^{14}$ m^2.
> Höhe der Atmosphäre (großzügig gerechnet, da immer dünner):
> 10 km $= 10^4$ m. Volumen = Grundfläche mal Höhe: $5 \cdot 10^{18}$ m^3.

Der Sack ist zu Machen wir uns einmal klar, was wir ausgerechnet haben! Goethes Atemluft ist ja schon längst vom Winde verweht und rund um den Erdball verteilt worden. Wenn wir aber seine 10^{30} Moleküle auf $5 \cdot 10^{18}$ m^3 verteilen, sind das *durchschnittlich* immer noch $2 \cdot 10^8$ Moleküle pro Liter!

> **SMS** $\dfrac{10^{30}}{5 \cdot 10^{18}} = 2 \cdot 10^{11}$ Moleküle pro m^3 oder $2 \cdot 10^8$ Moleküle pro Liter.

Doch $2 \cdot 10^8$ sind $200 \cdot 10^6$ oder in Worten: 200 Millionen pro Liter Luft. Bei einem halben Liter Luft, die wir bei jedem Atemzug einatmen, sind also 100 Millionen Moleküle von Goethe dabei. Halten wir als Ergebnis fest:

Pro Atemzug 100 Millionen Moleküle,

die bereits Goethe in seiner Lunge hatte! Ist das nicht atemberaubend? Vielleicht holen Sie jetzt erst einmal tief Luft und wollen mich widerlegen!

Sie könnten z. B. einwenden, dass Goethe manche Moleküle ja öfters eingeamet haben könnte oder viele der Moleküle einfach verschwunden sind: Vielleicht sind manche schon in den Weltraum entwichen, von einem Kohlkopf assimiliert worden oder in den sieben Weltmeeren untergetaucht!

Da Goethes Luftmoleküle aber nur einen äußerst geringen Prozentsatz *aller* Luftmoleküle ausmachen, sind sie zusammen mit den anderen auch nur mit diesem geringen Prozentsatz verschwunden. Aber um Ihnen völlig die Luft aus den Segeln zu nehmen: Selbst wenn 99 Prozent verschwunden wären (warum aber nur Goethes Moleküle), dann bliebe immer noch die runde Anzahl von einer Million Molekülen seines Atems in Ihren Lungenflügeln!

Und was ist eigentlich mit Shakespeare?

Wie es Euch gefällt? Literaturliebhaber müssten jedenfalls von diesem Ergebnis begeistert sein. Und wie sagt auch der Theaterdirektor bei Faust: „Wer vieles bringt, wird manchem etwas bringen." Sind Sie damit zufrieden?

Aussuchen können Sie sich nichts! Es sind mit Sicherheit auch Luftmoleküle von Jack the Ripper dabei – wohltemperierte von Bach, Mozart und Liszt, messerscharfe Grüße von Königin Elisabeth I von England und Maria Stuart, wohlüberlegte von Mathematikern wie Euler, Gauß, Ramanujan, Hilbert, von Philosophen wie Leibniz und Kant – Phantasie ohne Grenzen!

Wenn Moleküle auch nur ganz leise sprechen könnten:

Welch ein Hintergrundrauschen der Geschichte!

Doppelt hält besser

Ende gut, alles gut Sie setzen beim Roulette immer ganz gerne auf 'Rot'? Natürlich möchten Sie am Ende gewinnen. Bleiben wir doch einmal in Gedanken am Spieltisch und bezeichnen den Spieleinsatz einfach nur mit **1**. Das mag 1 Euro oder 1 Hunderteuroschein sein, oder meinetwegen 32,50 €. Im Gewinnfall bekommen Sie jedenfalls das Doppelte wieder ausbezahlt.

Die Kugel rollt und fällt auf 'Rot'! Gewinn minus Einsatz ergibt natürlich:

$$2 - 1 = \mathbf{1}$$

Beim nächsten Mal verlieren Sie zunächst den Einsatz. Nun verdoppeln Sie Ihren Einsatz auf 2 und haben tatsächlich Glück. Sie erhalten 4 ausbezahlt. Gewinn minus Verlust dieses Mal:

$$4 - 2 - 1 = \mathbf{1}$$

Sie beginnen wieder von vorn, setzen also 1 auf 'Rot', und Sie verlieren. Nun setzen Sie wieder 2 auf 'Rot', und verlieren! Jetzt setzen Sie aber 4 auf 'Rot' und gewinnen endlich 8. Die Bilanz:

$$8 - 4 - 2 - 1 = \mathbf{1}$$

Ist das nicht großartig! Sie verstehen den Plan? Probieren wir es noch mal:

$$16 - 8 - 4 - 2 - 1 = \mathbf{1}$$

Sie müssen nur so lange den Einsatz verdoppeln, bis Sie endlich gewinnen:

$$32 - 16 - 8 - 4 - 2 - 1 = \mathbf{1}$$

Verdoppeln erzwingt den Gewinn. Holen wir das Geld aus dem Spielcasino!

SMS Verlust: $x = 1 + 2 + 4 + 8 + \ldots + 2^n$, $2x = 2 + 4 + 8 + \ldots 2^{n+1}$, $x = 2x - x = 2^{n+1} - 1 \Rightarrow$ Gewinn $-$ Verlust: $2^{n+1} - (2^{n+1} - 1) = \mathbf{1}$.

Natürlich hat die Sache einen Haken: Ihr Einsatz wird irgendwann zu groß! Leihen wir uns das Geld? Wir werden das zum Schluss genauer diskutieren. Erhöhen wir zunächst einmal die Anzahl der Beispiele zum Verdoppeln!

Nie wieder Taschengeld Irgendwann möchte Ihr Nachwuchs ganz sicher von Ihnen Taschengeld, falls Sie nicht schon vorher auf diese Idee kommen. Sie beginnen also mit den Lohnverhandlungen, worauf Ihnen eröffnet wird, man möchte Sie nicht dauerhaft belasten. Welch freudige Überraschung! Wohlgelaunt hören Sie zu:

Man wünsche sich nur für die erste Woche 1 Cent, für die zweite 2 Cent, für die dritte Woche $2^2 = 4$ Cent, für die vierte Woche $2^3 = 8$ Cent usw. Das Ganze nur für die Dauer eines Jahres und dann *nie wieder Taschengeld!*

Erfreut, das leidige Problem in naher Zukunft los zu sein, willigen Sie ein. Aber Sie hätten natürlich bei solcher Bescheidenheit stutzig werden müssen! Schließlich hat ein Jahr 52 Wochen, die letzte Rate 2^{51} Cent. Die SMS besagt:

$$1 + 2 + 4 + \ldots + 2^{51} = 2^{52} - 1 \quad \text{Cent}$$

Ob Sie nun von 2^{52} Cent noch 1 Cent abziehen oder nicht, ist belanglos, denn

$$2^{52} \ \text{Cent} = 4{,}5 \cdot 10^{15} \ \text{Cent} = 45 \cdot 10^{12} \ \text{Euro}$$

Nachdem Sie die Bedeutung der 12 Nullen hinter der Zahl 45 erkannt haben, ist Ihre Freude rasch verflogen: Es handelt sich 'nur' um 45 Billionen Euro. Anders ausgedrückt: 45 Tausend Milliarden - wodurch es nicht weniger wird!

Sie sollten die Lohnverhandlungen mit Ihrem Nachwuchs wieder aufnehmen. Er kann an Ihrem Bankrott doch kein Interesse haben! Zumindest sollten Sie sein Interesse an der Mathematik endlich einmal anerkennend honorieren!

Ein geschickter Schachzug Einer Legende nach soll der Erfinder des Schachspiels ähnlich 'bescheiden' gewesen sein. Als ihm ein indischer Fürst als Dank für dieses Spiel die Erfüllung eines jeglichen Wunsches versprach, lautete dieser Wunsch, nie wieder Hunger leiden zu müssen, genauer gesagt:

Auf das erste Feld des Spiels möge man ihm 1 Reiskorn legen, auf das zweite 2 Körner, auf das dritte Feld $4 = 2^2$ Stück, auf das vierte also $8 = 2^3$, usw. Für das 64-te und letzte Feld wären es 2^{63} Körner. Das macht insgesamt:

$$2^0 + 2^1 + 2^2 + \ldots + 2^{63} = 2^{64} - 1 \quad \text{Körner}$$

Wir wundern uns natürlich über gar nichts mehr. Der Fürst vermochte den anscheinend bescheidenen Wunsch nicht erfüllen. Selbst die heutige Jahreswelternte an Reis inklusive Getreide würde nicht ausreichen!

Ein Scherzkeks Darauf fallen Sie bestimmt nicht (mehr) herein? Eine sehr üppig wachsende Seerose verdoppelte jede Woche ihre Blattoberfläche. Nach genau 10 Wochen hatte diese Pflanze den See vollständig bedeckt! Wann war dieser See nur halb bedeckt?

Zum Beispiel kann sich bei der Wasserhyazinthe in tropischen Gewässern zumindest innerhalb von 10 bis 20 Tagen die zugewachsene Fläche verdoppeln. Selbst große Schiffe werden behindert und kleinere Boote manövrierunfähig.

Im Falle der Seerose ist die Oberfläche natürlich *nicht* nach 5 Wochen halb bedeckt, sondern erst nach 9 Wochen! Eine Woche später hat sie sich wieder verdoppelt, so dass der See nach der zehnten Woche ganz bedeckt ist. Unsere Erfahrung ist durch *proportionale* Beziehungen geprägt. Für das hier vorliegende *exponentielle* Wachstum haben wir kein 'Bauchgefühl'.

Dass sich etwa im Falle einer Infektion viele Bakterienarten innerhalb von 20 Minuten verdoppeln können, erfahren wir nur indirekt durch die rasch auftretenden Symptome. In der Regel ist unser Immunsystem in der Lage, diesem Wachstum ein Ende zu bereiten. Andernfalls geht es mit uns zu Ende!

Follower Angenommen Sie sind von einem Video begeistert und schicken es am nächsten Tag (1. Tag) an 4 gute Bekannte. Jeder von diesen sende das Video am folgenden Tag (2. Tag) wiederum an 4 (neue) weitere Teilnehmer.

Es könnten natürlich auch mehr als 4 sein, aber einige erhalten die Nachricht vielleicht doppelt. Wählen wir also bei unserer groben Abschätzung einfach mal den Multiplikator 4. Dann wären es am 2. Tag genau $1 + 4 + 4^2$ beteiligte Personen. Und beispielsweise wären es am 10. Tag

$$1 + 4 + 4^2 + \ldots + 4^{10} = \frac{4^{11} - 1}{4 - 1}$$

Das sind bereits mehr als 1,3 Millionen Teilnehmer!

SMS Für jede Zahl $z \neq 1$ gilt: $1 + z + z^2 + z^3 + z^n = \dfrac{z^{n+1} - 1}{z - 1}$

Beweis dieser 'geometrischen Summenformel' durch Multiplikation mit $z - 1$.

Nun muss man mit der Verbreitung einer Nachricht nicht unbedingt einen Tag lang warten. So lässt sich bereits in wenigen Stunden oder gar Minuten ein 'Shitstorm' erzeugen, der in manchen Fällen nur auf Falschmeldungen beruht. Ein wirklich unangenehmes Phänomen der Informationsgesellschaft!

Kettenbriefe und ähnliche Schneeballsysteme brechen immer durch ihr exponentielles Wachstum zusammen. Die erforderliche Anzahl von *neuen* Mitspielern übersteigt schnell die vorhandenen Möglichkeiten! Falls so ein Brief zum Beispiel an zehn weitere Teilnehmer verschickt werden soll, wird deren Anzahl jedesmal verzehnfacht. Beim 10-ten Mal ist deren Anzahl auf 10^{10} gleich 10 Milliarden angewachsen, also ungefähr die Weltbevölkerung. Wie soll es da weitergehen? Die Dummen sind immer diejenigen am Ende der Kette. Übrigens sind Schneeballsysteme schlicht und einfach verboten!

Zurück zum Roulette:

Mit dem Verdoppeln wollten wir doch das Geld aus dem Spielcasino tragen!

Die Spielbank macht es sich leicht, unserem Treiben ein Ende zu bereiten. Natürlich kennt sie unser 'Gewinnsystem'! Sie hilft sich einfach mit einem Mindest- und einem Höchsteinsatz. Dadurch ist nur eine *begrenzte Anzahl* von Verdopplungen möglich! Mit dramatischen Folgen . . .

Denn irgendwann wird so oft hintereinander 'kein Rot' fallen, dass Sie nicht mehr verdoppeln können oder dürfen! Dann haben Sie verdammt viel Geld verloren und müssen von vorn anfangen. Das ganze System ist nun zerstört! Es bestand doch gerade darin, nie wieder zu verlieren.

Doch selbst wenn Sie die gelegentlichen schweren Rückschläge hinnehmen, die vielen kleinen Gewinne und die gelegentlich hohen Verluste halten sich noch nicht einmal die Waage!

Schuld daran ist beim Roulette die 'unfaire' Null. Hierdurch beträgt Ihre Gewinnwahrscheinlichkeit nämlich weniger als $\frac{1}{2}$. Zum 'fairen' Ausgleich müsste Ihr Gewinn deshalb etwas höher als das Doppelte betragen! Doch die Null sichert die Existenz der Bank.

Diese Situation ändert sich auch nicht, falls Sie anstelle von 'Rot' nun auf irgendwelche Zahlenkombinationen setzen. Die Situation ist immer 'unfair'. Ihr Gewinn wird natürlich immer so berechnet, als ob es die Null nicht gäbe. Eigentlich genügt doch zu wissen: Auf lange Sicht gewinnt immer die Bank!

Sollte es kurzfristig anders sein, nennt man das 'Glück'!

Doch wie heißt es ironisch:

Manchmal hat man kein Glück, und dann kommt auch noch das Pech dazu!

Teure Primzahlen

Unteilbar Eigentlich weiß jeder, dass die folgenden Zahlen *Primzahlen* sind:

$$2, 3, 5, 7, 11, 13, 17, 19, 23, 29, 31, 37, 41, 43, 47, 53, \ldots$$

Und viele glauben, dass Mathematiker vorwiegend damit beschäftigt seien, möglichst große Exemplare davon zu finden! Doch dazu später mehr ......
Eine charakteristische Eigenschaft von Primzahlen ist ihre Unzerlegbarkeit in echte 'Faktoren' oder 'Teiler'. Zum Beispiel lässt sich 7 nur trivial zerlegen als $7 = 1 \cdot 7$, wohingegen es etwa für die Zahl 12 außer dieser Möglichkeit $12 = 1 \cdot 12$ auch *echte* Faktorisierungen gibt, nämlich

$$12 = 4 \cdot 3, \qquad 12 = 2 \cdot 6, \qquad 12 = 2 \cdot 2 \cdot 3.$$

Atomarer Aufbau Bekanntlich ist Wasser ein Produkt aus Wasserstoff H und Sauerstoff O: Wasser $= H\,H\,O$ oder kurz H_2O. Die genannten Bestandteile lassen sich nicht weiter zerlegen, was ja zu ihrer Bezeichnung 'atomar' aus dem Griechischen für 'unteilbar' geführt hat.

So gesehen sind Primzahlen die atomaren Bausteine der natürlichen Zahlen:

Jede Zahl lässt sich eindeutig in ein Produkt aus Primzahlen zerlegen,
oder sie ist selbst eine Primzahl!

Einige konkrete Beispiele zur Primfaktorzerlegung sind:

$$20 = 2 \cdot 2 \cdot 5, \quad 21 = 3 \cdot 7, \quad 22 = 2 \cdot 11, \quad 23 = 23, \quad 24 = 2 \cdot 2 \cdot 2 \cdot 3,$$
$$25 = 5 \cdot 5, \quad 26 = 2 \cdot 13, \quad 27 = 3 \cdot 3 \cdot 3, \quad 28 = 2 \cdot 2 \cdot 7, \quad 29 = 29 \quad \text{usw.}$$

Man sollte systematisch vorgehen: Prüfen Sie zunächst, ob der Primfaktor 2 enthalten ist und gegebenenfalls wie oft. Ist schließlich der verbliebene Faktor nicht mehr durch 2 teilbar, probieren Sie es mit der nächstgrößeren Primzahl 3, dann 5, usw. Zum Beispiel ist $44\,444\,444 = 2 \cdot 2 \cdot 11 \cdot 73 \cdot 101 \cdot 137$.

Die Zahl 1 als Faktor wäre völlig überflüssig! Man könnte diesen beliebig oft hinzufügen oder auch nicht. Die alten Griechen wollten der Eins noch nicht einmal eine Zahlnatur zuerkennen, weil ihr 'die Vielheit fehle'. Das stimmt irgendwie, aber ganz so hart wollen wir nun doch nicht mit ihr umgehen. Wir respektieren sie zwar als Zahl, aber nicht als Primzahl, denn als solche brächte sie mehr Schaden als Nutzen! Merken wir uns für das nächste Quiz:

Die Zahl 1 ist definitionsgemäß von den Primzahlen ausgeschlossen!

Der kleine Unterschied Betrachten Sie doch nun die Primfaktorzerlegung zweier direkt *aufeinanderfolgender* Zahlen etwas genauer, zum Beispiel von

$$20 = 2 \cdot 2 \cdot 5 \quad \text{und} \quad 21 = 3 \cdot 7.$$

Die Primfaktoren von 20 sind ganz andere als die von 21. Und der Grund: Da 20 durch 2 teilbar ist, ist $21 = 20 + 1$ sicherlich *nicht* durch 2 teilbar, denn die hinzugefügte 1 ist ja nicht durch 2 teilbar. Ebenso ist 20 durch 5 teilbar, aber $21 = 20 + 1$ sicherlich nicht, denn die 1 ist nicht durch 5 teilbar. Folglich müssen die Primfaktoren von 20 und 21 unterschiedlich sein! Die Argumentation gilt natürlich allgemein für aufeinanderfolgende Zahlen wie 19 und 20, und für 27 und 28, und so weiter. Kurzum:

Zwei aufeinanderfolgende Zahlen bestehen aus unterschiedlichen Primfaktoren!

Sag' mir, wie viel Sternlein stehen Es gibt unglaublich viele Sterne, aber es sind gewiss nur endlich viele! Chemische Elemente gibt es nur etwas mehr als hundert. Doch wie steht es mit der Anzahl der Primzahlen?

Nehmen wir einmal an, es gäbe nur endlich viele Primzahlen, zum Beispiel nur 2, 3, 5, 7, 11, 13: Bilden Sie nun das Produkt aus diesen Primzahlen, also $2 \cdot 3 \cdot 5 \cdot 7 \cdot 11 \cdot 13 = 30\,030$. Dann besteht aber die nachfolgende Zahl $30\,030 + 1 = 30\,031$ aus ganz *anderen*, also aus völlig *neuen* Primfaktoren! In diesem Falle sind es konkret die Primzahlen 59 und 509: $30\,031 = 59 \cdot 509$. Es kann offensichtlich *keine beschränkte Anzahl* von Primzahlen geben, denn mit dem daraus gebildeten 'Produkt plus Eins' ließe sich sofort die Existenz weiterer Primzahlen beweisen!

Diese Beweisidee gilt unter Mathematikern als eine der schönsten und findet sich bereits bei Euklid (um 330 v.Chr.). Sein Hauptwerk 'Die Elemente' gilt neben Bibel und Koran als einflussreichstes Buch aller Zeiten!

Neue Primzahlen Mit voriger Idee erhält man gelegentlich auch direkt eine neue Primzahl, als einzigen Faktor der Zerlegung. Beispielsweise ist

$$2 \cdot 3 \cdot 5 \cdot 7 + 1 = 211$$

eine Primzahl! Und die Primfaktoren dieser Konstrukte dürfen *mehrmals* auftreten. Zum Beispiel besteht auch

$$2 \cdot 2 \cdot 3 \cdot 5 \cdot 7 + 1 = 421$$

aus neuen Primfaktoren – in diesem Fall ist 421 selbst wieder eine Primzahl! Die Argumentation gilt sowohl für die Addition als auch Subtraktion von 1:

$$2 \cdot 2 - 1 = 3, \quad 2 \cdot 2 + 1 = 5, \quad 2 \cdot 2 \cdot 2 - 1 = 7, \quad 2 \cdot 2 \cdot 2 \cdot 2 + 1 = 17$$

sind sogar Primzahlen! Abkürzend schreibt man $2 \cdot 2 = 2^2$, $2 \cdot 2 \cdot 2 = 2^3$, usw.

Sonderlinge Bei den letzten Beispielen wurde das Primzahlprodukt nur mit dem Primfaktor 2 gebildet. Solche einfachen Sonderlinge der Form 2^h+1, h eine beliebig gewählte natürliche Hochzahl, wurden ausgiebig untersucht!

Man weiß: 2^h+1 ist *höchstens dann* Primzahl, wenn h eine Potenz von 2 ist, z. B. $h = 2^1$ (=2), $h = 2^2$ (=4), usw. Solche Primzahlen sind

$$F_0 = 2^1 + 1 = 3, \qquad F_1 = 2^2 + 1 = 5, \qquad F_2 = 2^4 + 1 = 17,$$
$$F_3 = 2^8 + 1 = 257, \quad F_4 = 2^{16} + 1 = 65537.$$

Man nennt sie Fermatsche Primzahlen. Außer den genannten hat man bis heute keine weiteren Fermatschen Primzahlen gefunden, doch fehlt leider auch ein Beweis, dass es wirklich keine weiteren gibt!

Wenn wir zum Primzahlprodukt nicht 1 addieren, sondern subtrahieren, lassen sich ebenfalls neue Primzahlen erhalten. In diesem Falle weiß man:

Ist die Hochzahl h keine Primzahl, dann ist auch $2^h - 1$ keine Primzahl!

SMS Beweis: Aus $h = m \cdot n$ mit echten Faktoren $m, n > 1$ folgt:

$$2^h - 1 = 2^{m \cdot n} - 1 = (2^m)^n - 1 = x^n - 1 \quad \text{mit} \quad x = 2^m \geq 4.$$

Und $x^n - 1 = (x - 1) \cdot (x^{n-1} + x^{n-2} + \ldots + 1)$ lässt sich faktorisieren!

Versuchen wir es also für h mit Primzahlen! Man nennt für jede Primzahl p

$$M_p = 2^p - 1$$

eine Mersennesche Zahl (Marin Mersenne, 1588-1648). Ist nun M_p sogar selbst eine Primzahl, heißt sie natürlich Mersennesche Primzahl. Solche sind:

$$M_2 = 2^2 - 1 = 3, \quad M_3 = 2^3 - 1 = 7, \quad M_5 = 2^5 - 1 = 31, \quad M_7 = 2^7 - 1 = 127,$$

aber $M_{11} = 2^{11} - 1 = 2047 = 23 \cdot 89$ ist offensichtlich keine Primzahl.

Halt die Presse Allerdings ist $M_{13} = 2^{13} - 1 = 8191$ wieder eine Primzahl, ebenso M_{17}, M_{19}, M_{31}. Letztere hat bereits 10 Dezimalstellen und lässt sich zumindest mit einem 10-stelligen Rechner noch problemlos bestimmen, während die nächstgrößere Mersennesche Primzahl M_{61} bereits 19-stellig ist!

Bis heute kennt man über vierzig Mersennesche Primzahlen, und diese sind wahrhaft riesig. Beispielsweise hat $M_{24\,036\,583}$ mehr als 7 Millionen Dezimalstellen! Wie viele Primzahlen dieser Art es gibt, ist bis heute nicht bekannt. Wird ein neuer Gigant dieser Art entdeckt, wird er meist ohne weitere Sachkenntnisse von der Journaille aufgegriffen und erweckt beim Leser oft den Eindruck, Mathematik wäre vor allem eine Jagd nach Primzahlmonstern!

Speziell für die Mersenneschen Zahlen kennen die Mathematiker einen Test, den Lucas–Lehmer–Test, der es überhaupt erst ermöglicht, diese riesigen Sonderlinge mit akzeptablem Zeitaufwand auf Primalität zu untersuchen. Vielleicht möchten Sie sich im Internet sogar an dieser GIMPS beteiligen (Great Internet Mersenne Prime Search)!

Nur wenige wissen, dass Primzahlen auch bei der Verschlüsselung ihrer Nachrichten und zur digitalen Signatur verwendet werden. Hinter diesen RSA-Kryptosystemen steckt sehr viel Mathematik! Und je leistungsfähiger die Geräte der möglichen Angreifer, umso größer die erforderlichen Primzahlen zur Verschlüsselung. Mehr als Hundertstellige sind heutzutage bereits keine Seltenheit mehr.

Mut zur Lücke Abgesehen von der Zahl 2 zu Beginn der Primzahlreihe sind alle Primzahlen ungerade. Zwischen zwei Primzahlen größer 2 findet sich also immer eine Lücke aus einer oder mehreren aufeinanderfolgenden Nichtprimzahlen. Erstaunlicherweise gibt es solche Lücken *in beliebiger Größe*! Konstruieren wir z.B. eine solche Lücke von 9 aufeinanderfolgenden Zahlen: $2 \cdot 3 \cdot 4 \cdot 5 \cdot 6 \cdot 7 \cdot 8 \cdot 9 \cdot 10 + \mathbf{2} = 3\,628\,802$ ist durch **2** teilbar: der erste *Summand* mit Faktor 2 und der zweite, hier nur die 2, sind durch 2 teilbar!

$$2 \cdot \mathbf{3} \cdot 4 \cdot 5 \cdot 6 \cdot 7 \cdot 8 \cdot 9 \cdot 10 + \mathbf{3} \;= 3\,628\,803 \text{ ist durch } \mathbf{3} \text{ teilbar,}$$
$$2 \cdot 3 \cdot \mathbf{4} \cdot 5 \cdot 6 \cdot 7 \cdot 8 \cdot 9 \cdot 10 + \mathbf{4} \;= 3\,628\,804 \text{ ist durch } \mathbf{4} \text{ teilbar,}$$
$$2 \cdot 3 \cdot 4 \cdot \mathbf{5} \cdot 6 \cdot 7 \cdot 8 \cdot 9 \cdot 10 + \mathbf{5} \;= 3\,628\,805 \text{ ist durch } \mathbf{5} \text{ teilbar,}$$
$$2 \cdot 3 \cdot 4 \cdot 5 \cdot \mathbf{6} \cdot 7 \cdot 8 \cdot 9 \cdot 10 + \mathbf{6} \;= 3\,628\,806 \text{ ist durch } \mathbf{6} \text{ teilbar,}$$
$$2 \cdot 3 \cdot 4 \cdot 5 \cdot 6 \cdot \mathbf{7} \cdot 8 \cdot 9 \cdot 10 + \mathbf{7} \;= 3\,628\,807 \text{ ist durch } \mathbf{7} \text{ teilbar,}$$
$$2 \cdot 3 \cdot 4 \cdot 5 \cdot 6 \cdot 7 \cdot \mathbf{8} \cdot 9 \cdot 10 + \mathbf{8} \;= 3\,628\,808 \text{ ist durch } \mathbf{8} \text{ teilbar,}$$
$$2 \cdot 3 \cdot 4 \cdot 5 \cdot 6 \cdot 7 \cdot 8 \cdot \mathbf{9} \cdot 10 + \mathbf{9} \;= 3\,628\,809 \text{ ist durch } \mathbf{9} \text{ teilbar,}$$
$$2 \cdot 3 \cdot 4 \cdot 5 \cdot 6 \cdot 7 \cdot 8 \cdot 9 \cdot \mathbf{10} + \mathbf{10} = 3\,628\,810 \text{ ist durch } \mathbf{10} \text{ teilbar.}$$

Nach diesem Prinzip lassen sich beliebig große Primzahllücken konstruieren!

Teure Zwillinge Zwischendurch gibt es aber anscheinend immer wieder ganz *kleine* Lücken in der Primzahlreihe. So nennt man Primzahlpaare mit der kleinstmöglichen Lücke wie zum Beipiel

3 und 5,   5 und 7,   11 und 13,   17 und 19,   29 und 31,   41 und 43,   usw.

Primzahlzwillinge. Es gibt unendlich viele Primzahlen, aber bis heute weiß niemand, ob das auch für Primzahlzwillinge gilt. Falls Sie das entscheiden können, werden Sie eine Berühmtheit, denn auch die größten Meister der Mathematik haben sich bis jetzt an diesem Problem die Zähne ausgebissen!

Man kennt auch hier inzwischen astronomisch anmutende Zahlenbeispiele mit zehntausenden von Dezimalstellen, doch vielleicht ist irgendwo Schluss mit den Zwillingen?

Viggo Brun bewies 1919, dass die Summe der Kehrwerte aller Primzahlzwillinge beschränkt ist, auch wenn deren Anzahl unbeschränkt sein sollte:

$$\textbf{SMS} \quad \left(\frac{1}{3}+\frac{1}{5}\right) + \left(\frac{1}{5}+\frac{1}{7}\right) + \left(\frac{1}{11}+\frac{1}{13}\right) + \left(\frac{1}{17}+\frac{1}{19}\right) + \ldots = B$$

Den Grenzwert B bezeichnet man ihm zu Ehren als Brunsche Konstante.

Very nice Als 1994 Thomas Nicely die Brunsche Konstante noch genauer als bisher abschätzen wollte, lieferte ihm sein Rechner überraschenderweise viel schlechtere Werte! Er ging dieser Sache nach und entdeckte:

Ursache war ein Hardwarefehler des damaligen Pentium-Prozessors von Intel, der bei Kehrwerten gewisser Primzahlzwillinge wie 824 633 702 441 und 824 633 702 443 zu falschen Ergebnissen führte!

Intel war dieser Fehler insgeheim bekannt, wollte ihn aber 'wegen Geringfügigkeit' nicht öffentlich machen. Die Aufdeckung durch Nicely fand Intel gar nicht 'nicely'! Der Umtausch der bereits verkauften Rechner kostete den Konzern Millionen und brachte ihm Hohn und Spott wie

Intel inside – can't divide!

Schnaps, das war sein letztes Wort

Das kann nicht stimmen Zwischen Leber und Milz passt immer noch ein Pils – wo früher meine Leber war, ist heute eine Minibar: Es lebe die Leber! Ich möchte ja keine Spaßbremse sein, aber denken Sie im eigenen Interesse auch gelegentlich darüber nach, wie viel Promille im Spiel sein könnten! Angenommen, Sie trinken ein 'Viertele' Wein oder einen halben Liter Bier: 0,25 Liter Wein sind 250 Milliliter. Ungefähr 10 % davon sind reiner Alkohol. Das ergibt also 25 Milliliter gleich 25 Kubikzentimeter Alkohol. Ein halber Liter Bier, also die doppelte Menge, aber mit 5 Vol.% nur halb so stark, enthält natürlich ebenfalls 25 Kubikzentimeter reinen Alkohol!

Die Polizei interessiert sich freundlicherweise nicht für den Volumenanteil, sondern für unseren Gewichtsanteil an Alkohol im Blut. Denn zum Glück ist Alkohol leichter als Wasser, so dass es sich bei 25 Kubikzentimeter nur um 20 Gramm Alkohol handelt. Und beim Verlassen des Lokals sind vielleicht nur noch **18 Gramm** davon übrig! Nun schätzen wir einfach ab: Gehen wir realistisch von ca. **6 Kilogramm** Blut aus. Dann wären 6 Gramm Alkohol gleich 1 Promille (1 Tausendstel), 12 Gramm schon 2 Promille und 18 Gramm stolze **3 Promille**! Das kann aber bei diesem noch einigermaßen bescheidenen Konsum nicht sein. *Wo steckt der Fehler in unserer Rechnung?*

Der Vertriebsweg In Wirklichkeit wird der Alkohol über die Blutbahn in unserem Körper verteilt, genauer gesagt, in der gesamten Gewebeflüssigkeit! Männer sind tatsächlich flüssiger als Frauen, oder weniger schmeichelhaft: 70 Prozent ihres Körpergewichts sind weiter nichts als Wasser! Bei Frauen sind es nur 60 Prozent. Und in der Regel sind die Frauen auch noch leichter: Pech gehabt, da bekommt der Alkohol Schwierigkeiten, sich zu verdünnen!

Nach diesen Angaben können Sie die Promille eigentlich selbst ermitteln! Sie müssen dann auch niemandem Ihr gehütetes Körpergewicht verraten. Um die Promille auszurechnen, haben wir vorhin leider völlig falsch die 18 (Gramm) nur durch die 6 (Kilo Blut) dividiert: $18 : 6 = 3$ (Promille). Nehmen Sie jetzt *korrekterweise* anstelle der 6 Kilo die 60 oder 70 Prozent Ihres Körpergewichts!

Ein unverbindliches Beispiel: Bei einer Frau mit etwa 60 kg Körpergewicht ergeben 60 Prozent immerhin $0,60 \cdot 60 \text{ kg} = 36 \text{ kg}$ Gewebeflüssigkeit. Doch 18 Gramm dividiert durch 36 Kilogramm ergeben immer noch 0,5 Promille, Bei einem Unfall gibt es zurzeit ab 0,3 Promille Schwierigkeiten!

Nun zum Vergleich ein Mann mit schon respektablen 85 Kilo Körpergewicht: Davon 70 Prozent ergeben rund 60 Kilogramm, auf die sich die 18 Gramm Alkohol jetzt verteilen. Die Division 18 : 60 bedeutet immerhin 0,3 Promille! Das ist, wie schon erwähnt, zumindest etwas grenzwertig.

Leider hatte man 'beim Griechen' noch einen Ouzo getrunken, oder auch zwei. Lassen wir endlich das Fasten, das bringt im Straßenverkehr nur Probleme!

Falls Sie gelegentlich Ihren Promilleanteil abschätzen müssen, entscheiden Sie einfach für sich: Liege ich näher beim 60 Kilo– oder 85 Kilo–Model(l)? Trinken Sie die doppelte Menge, sind es schlicht und einfach doppelt so viel, und bei einer 0,75 l–Flasche Wein oder 1,5 Liter Bier eben drei mal so viel Alkohol im Blut. Natürlich geht es auch genauer und ganz offiziell:

Die Formel von Widmark Eigentlich waren es doch 20 Gramm Alkohol, die wir bei unserem Standardbeispiel zu uns nahmen? Vor Gericht werden noch 10 Prozent davon abgezogen, weil eventuell nicht alles resorbiert wird, (sog. Resorptionsdefizit). Bleiben rechnerisch tatsächlich 18 Gramm übrig!

Dieser 10 %–Abzug ist allerdings wieder ein kleiner Vorteil für die Frauen, denn im Gegensatz zu Männern besitzen sie im Magen eigentlich weniger von einem Enzym, das den Alkohol dort schon teilweise abbaut.
Fassen wir die Vorgehensweise noch einmal kurz zusammen:
Bestimmen Sie zuerst das Gesamtvolumen des getrunkenen Alkohols. Bei 1/4 l bzw. 250 ml Wein mit 10 Vol% sind das 25 ml Alkohol. Dasselbe erhalten Sie für 1/2 l bzw. 500 ml Bier mit 5 Vol% Alkohol. Da 1 ml Alkohol rund 0,8 g wiegt, ergibt das $25 \cdot 0{,}8 \, \text{g} = 20 \, \text{g}$ reinen Alkohol!

Ziehen Sie von diesem Ergebnis noch 10 Prozent als Resorptionsdefizit ab. Die übrigbleibende Menge $m(A) = 18$ g müssen Sie nur noch durch 60 bzw. 70 Prozent Ihres Körpergewichts G teilen, also durch $0{,}60 \cdot G$ bzw. $0{,}70 \cdot G$.

Mit einem Taschenrechner und einem kleinen Notizblatt ist das eigentlich gar nicht so schwierig. Man nennt es ganz offiziell die 'Formel von Widmark'!

SMS $w(A) = \dfrac{m(A)}{r \cdot G}$ ($r \approx 0{,}60$ bei Frauen, $r \approx 0{,}70$ bei Männern). Beispiel: $m(A) = 18 \, \text{g}$, $r = 0{,}60$, $G = 60 \, \text{kg}$ ergibt $w(A) = 18 \, \text{g} / 36 \, \text{kg} = 0{,}5 \, \text{‰}$

Bleibt die Frage: Wie geht es nach dem Trinken mit dem Alkohol nun weiter? Sie hatten während der letzten Stunde so gut wie gar nichts mehr getrunken. Da kann man doch nach einem doppelten Espresso endlich wieder ans Steuer?

Die Stunden danach Natürlich wird der Alkohol abgebaut und seine als angenehm empfundene Wirkung vergeht. Zunächst ensteht das Acetaldehyd, ein recht giftiger Stoff, der die DNA schädigen und Krebs verursachen kann.

Zum Glück wird Acetaldehyd schnell zu ungiftigeren Stoffen abgebaut! Aber etwa 40 % der Asiaten fehlt das hierfür notwendige Enzym. Sie bekommen dadurch einen roten Kopf, besonders schnell auch Übelkeit und Erbrechen. Doch auch Zucker hemmt den Abbau von Acetaldehyd, was uns dann als Folge von zu viel Likörchen, Fruchtwein oder Sekt die Laune verderben kann.

Wie schnell wird der Alkohol eigentlich abgebaut? Hier herrscht entgegen der allgemeinen Ansicht wirklich Gendergerechtigkeit: Es sind unabhängig vom Geschlecht rund 0,15 Promille (0,15 ‰) pro Stunde! Das ist der offizielle Durchschnittswert, am Anfang nur etwas mehr, später dann etwas weniger.

Ich habe einmal versucht, es genauer auszurechnen. Als Beispiel wurde ein Anfangswert von 1 ‰ angenommen. Dem Kenner sei gesagt: Eigentlich ist es nur eine Differenzialgleichung mit getrennten Variablen, aber mit Tücken:

> **SMS** Lösen Sie die zugehörige Michaelis-Menten Gleichung aus der Enzymkinetik: $\dfrac{dy}{dx} = -\dfrac{0,18 \cdot y}{0,08 + y}$, $y(0) = 1$.

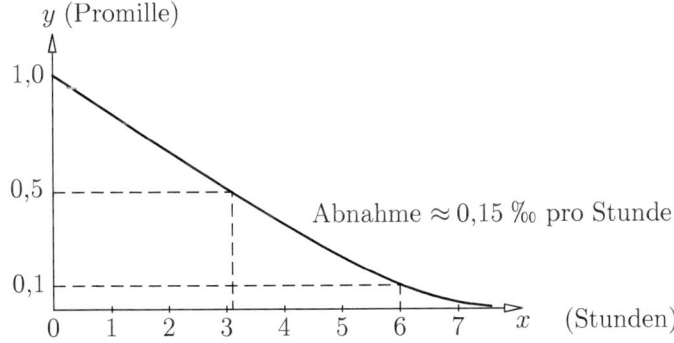

Nach gut drei Stunden sind Sie bei ungefähr 0,5 ‰ angelangt. Und falls Sie mit nur 0,5 ‰ *anfangen*, geht es genauso weiter wie oben skizziert: Erst nach etwa weiteren drei Stunden sind Sie endlich bei fast unbedenklichen 0,1 ‰.

Und jetzt geht die genannte Abbaurate merklich zurück. Die *verbleibende* Kurve entspricht in etwa dem normalen Abbau eines Medikaments im Blut:

Normalerweise sind das auch keine 18 Gramm oder mehr!

Die größte Zahl

Existenzprobleme Fängt ein Kind mit dem Zählen und dem Rechnen an, so fragt es auch irgendwann : „Was ist denn eigentlich die größte Zahl?" „Es gibt keine größte Zahl" werden Sie dann antworten. „Denn wenn ich sie dir nennen würde, könntest du zum Beispiel die Zahl 1 noch dazu zählen und hättest dann eine noch größere Zahl!"

Mit dieser Antwort haben Sie sich erst einmal elegant aus der Affäre gezogen! Und das Kind muss das alles in Ruhe verdauen. Doch auch Erwachsene bekommen bei solchen Fragen leicht Probleme. Zunächst einmal wissen Sie: Alle Zahlen *echt größer Null* nennt man *positiv*, hier dick hervorgehoben:

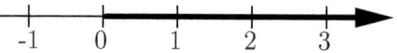

Und was ist nun die *kleinste positive* Zahl? Es gibt sie nicht! Warum nicht? Wenn es so eine Zahl x gäbe, so wäre ja $\frac{x}{2}$ eine noch kleinere positive Zahl. Und die Null selbst gehört per definitionem nicht zu den positiven Zahlen!

Oft macht man sich über Mathematiker lustig, weil sie bei ganz banalen Problemen immer erst fragen, ob überhaupt eine Lösung existiert. Dabei ist das duchaus ökonomisch. Denn wenn es gar keine Lösung gibt, verschwenden Sie möglicherweise viel Zeit mit der Suche!

Ostereier suchen Für die Existenz einer Lösung ist natürlich ganz entscheidend, *wo* Sie suchen dürfen! Nennen Sie mir ganz konkret eine Zahl x, für die *exakt* gilt: $x^2 = 2$. Natürlich werden Sie sofort mit $\sqrt{2}$ antworten. Moment bitte, könnten Sie mal etwas *konkreter* werden! Wenn Sie Ihrem angeblichen Kind einen Namen geben, muss es noch lange nicht existieren!

Falls Sie mir nun empört Ihren Taschenrechner unter die Nase halten, mit dem Hinweis, dass wäre doch wohl konkret genug, sind Sie schon wieder reingefallen. Denn wenn Sie x^2 bestimmen, kommt nicht exakt 2 heraus, sondern nur gerundet, im Rahmen der Genauigkeit Ihres Rechners.

Kein Rechner ist jemals in der Lage, den gesuchten Wert *exakt* anzugeben. Computer liefern nur 'rationale Zahlen', nämlich nur Dezimalbrüche! Beispiel $1{,}41 = \frac{141}{100}$. Die gesuchte Zahl ist aber bekanntlich irrational, sie lässt sich nicht als Bruch angeben! Man erkennt auch an der Namensgebung:

Unsere Vorfahren hatten große *Verständnisprobleme mit irrationalen Zahlen*! Erst wenn wir diese konstruktiv zu unseren rationalen Zahlen hinzunehmen, liefern unsere Rechner Näherungswerte für etwas, das auch existiert!

Gottesbeweis Diskussionen gab es früher auch bei unendlichen Summen. Das schönste Beispiel ist vielleicht:

$$1 + (-1) + 1 + (-1) + 1 + (-1) + 1 + (-1) + 1 + (-1) + \ldots \text{ usw.}$$

Was kommt denn dabei heraus?

„Null", sagten einige, denn sie rechneten so:

$$[1 + (-1)] + [1 + (-1)] + [1 + (-1)] + \ldots = 0 + 0 + 0 + 0 + \ldots = 0.$$

„Eins", sagten andere, denn sie rechneten so:

$$1 + [(-1) + 1] + [(-1) + 1] + [(-1) + 1] + \ldots = 1 + 0 + 0 + 0 \ldots = 1.$$

„Ein Wunder", sagten nun viele: „So wie man mathematisch aus Null die Eins erhalten kann, hat auch Gott die Welt aus dem Nichts erschaffen!"

In der heutigen Mathematik ist der Umgang mit dem Göttlichen einerseits und dem Unendlichen andererseits mittlerweile klar getrennt. Und was diese unendliche Reihe anbetrifft: Hier existiert gar kein Grenzwert!

Exponenten unter sich Nun zu einem etwas einfacheren Existenzproblem: *Nennen Sie mir die größte Zahl, die Sie mit drei Ziffern schreiben können!* Ihr erster Gedanke wird vermutlich 999 lauten. Aber viel größer ist natürlich

$$9^{9^9}.$$

Genauer gesagt, mit dieser Schreibweise meint man

$$\text{nicht } (9^9)^9, \text{ sondern } 9^{(9^9)}.$$

Anstelle von a^b schreibt man abkürzend auch $a \wedge b$. Hiermit lauten die beiden Zahlen $(9^9)^9$ bzw. $9^{(9^9)}$ also $(9 \wedge 9) \wedge 9$ bzw. $9 \wedge (9 \wedge 9)$. Wir werden sehen:

$$(9 \wedge 9) \wedge 9 \neq 9 \wedge (9 \wedge 9).$$

Das ist wirklich ungewöhnlich, denn bekanntermaßen gilt für die Addition $(9 + 9) + 9 = 9 + (9 + 9)$ und $(9 \cdot 9) \cdot 9 = 9 \cdot (9 \cdot 9)$ für die Multiplikation.

Natürlich existieren die beiden Zahlen $(9^9)^9$ und $9^{(9^9)}$, denn sie lassen sich ja konkret ausrechnen. Mit meinem einfachen Taschenrechner erhalten wir zum Beispiel für

$$(9^9)^9 = 1{,}966\,27050\ldots \cdot 10^{77}$$

Der Exponent 77 besagt insbesondere, dass nach der 1 als führender Ziffer noch 77 weitere Ziffern folgen, von denen hier nur 8 Stück angegeben sind.

ERROR Aber nun kommt die Überraschung: Bestimmen Sie auch $9^{(9^9)}$.
Alles, was Ihr Taschenrechner auszugeben vermag, ist ein hilfloses ERROR!
Sie werden ihm am Ende verzeihen, denn diese Zahl ist unvorstellbar groß.
Aber wovon rede ich eigentlich, wie kann ich sie dann überhaupt ausrechnen?
Genau wie bei $(9^9)^9$, man muss nur dem Rechenknecht ein wenig helfen!

SMS $z = 9^{(9^9)}$:

$\log z = 9^9 \cdot \log 9 = 369\,693\,099{,}63\ldots = 0{,}63\ldots + 369\,693\,099$

$z = 10^{\log z} = 10^{0{,}63\ldots + 369\,693\,099} = 10^{0{,}63\ldots} \cdot 10^{369\,693\,099}$

$z = 4{,}2\ldots \cdot 10^{369\,693\,099}$

Ergebnis: $\qquad 9^{(9^9)} = 4{,}2\ldots \cdot 10^{369\,693\,099}$

Unvorstellbar Ausgeschrieben auf Papier mit den üblichen 5 mm–Kästchen
erreicht dieser Bandwurm die enorme Länge von mehr als 1800 Kilometern!
Das Ausdrucken mit etwa 10 Ziffern pro Sekunde dauert länger als ein Jahr!
Das Ergebnis beginnt mit der Zahl 4 an erster Stelle, gefolgt von mehr
als 369 Millionen weiteren Dezimalstellen! Vermutlich bieten die Wände
Ihrer Wohnung auch nicht die erforderlichen Neuntausend Quadratmeter,
um sämtliche Ziffern zu notieren.

Doch das eigentlich Unbegreifliche ist die Zahl selber! Denken wir an den
verrückten Liebhaber des vorigen Cartoons. Er wird die betreffende Anzahl
von rund $4 \cdot 10^{369\,693\,099}$ Küssen nicht überleben, schon aus *zeitlichen* Gründen:
Seit Anbeginn des Universums sind noch keine 10^{18} Sekunden vergangen!

Die Anzahl aller Sandkörner auf der Erde soll nicht mehr als 10^{18} betragen.

Schafft ein Supercomputer irgendwann 10^{18} Rechenoperationen pro Sekunde,
so sind das vom Anbeginn des Universums gerechnet 10^{36} insgesamt.

Das Volumen des Universums umfasst weit weniger als 10^{90} Kubikzentimeter.
Bei Werten über 10^{100} verweigert der Taschenrechner die Zusammenarbeit.

Die Anzahl aller Elementarteilchen in unserem Universum beträgt sicherlich
weniger als 10^{300} Stück. Bieten Sie mehr, aber womit? Ich bin hier am Ende!

Niemals erreiche ich in der Realität nur annähernd eine Zahl wie $10^{369\,693\,099}$.
Kleinlaut müssen wir wohl alle zugeben:

Exponieren übersteigt zu schnell unsere Vorstellungskraft!

Spieglein, Spieglein an der Wand

Morgengruß Geht es Ihnen morgens auch so? Beim Blick in den Spiegel schaut da irgendjemand schläfrig und genervt zurück! Wer soll das da sein? Das reicht mir schon wieder für den ganzen Tag, bitte keine weiteren Fragen.

Schon fragt Linus: „Warum vertauscht der Spiegel eigentlich links und rechts, aber nicht oben und unten?" Hierbei verdreht er seinen Kopf und schaut wie ein Smiley zu seinem Vater in den Spiegel. Eigentlich müsste er jetzt fragen: „Woher weiß der Spiegel denn, wo oben und unten ist?" Er weiß natürlich weder das eine noch das andere. Ansonsten müsste beim Vater das linke und rechte Auge vertauscht sein, bei Linus aber auf einmal nicht mehr!

Doch sein Vater fragt erschrocken, als er die neue Uhr im Spiegel erblickt: „Wie spät ist es eigentlich". Schon hat er sich beim Rasieren geschnitten ... Fragen wir lieber nicht, ob links oder rechts!

Die Schwierigkeit hierbei: Man meint, das Spiegelbild sei einfach nur um 180° gedreht, die Augen also vertauscht. Aber er und sein Spiegelbild lassen sich durch eine *reale Bewegung* im Raum gar nicht zur Deckung bringen! Vielleicht hilft Ihnen seine Verletzung, ein kleiner Schnitt, das zu erkennen. Oder Sie lesen noch einmal die Geschichte auf Seite 11.

Auch ein 'Selfie' oder Ihr letztes Passfoto stimmen mit Ihrem gewohnten Bild im Spiegel nicht genau überein. Vielleicht ist das der Grund, weshalb man mit Fotos so oft unzufrieden ist, denn so sehe man doch gar nicht aus! So wie auf dem Foto wird man auch gesehen, doch so sieht man sich nicht selbst im Spiegel! Überprüfen Sie es z.B. mit einem Passfoto oder Ausweis.

Schraube und Uhr Wir können einen gespiegelten Gegenstand zwar nachbauen, aber den *Vorgang* des Spiegelns in der Realität nicht nachvollziehen! Da hilft kein Drehen, Wenden, oder Schieben.

Wir können aber erkennen und beschreiben, was so eine Spiegelung vollbringt:

Halten Sie zum Beispiel eine Schraube mit der Spitze in Richtung Spiegel, so zeigt nun ihr Bild mit *umgekehrter* Schraubrichtung und Spitze zu Ihnen.

Merken Sie sich einfach: Spiegeln vertauscht die Drehrichtung. Und zeigt noch etwas senkrecht zum Spiegel, so wird auch diese Richtung vertauscht.

Und nun der Blick auf die Uhr im Spiegel! Haben Sie sofort erkannt, dass es Viertel vor sieben war? Vergrößern wir doch das Ganze:

Vergleichen Sie links das Original mit dem entsprechenden Spiegelbild rechts!

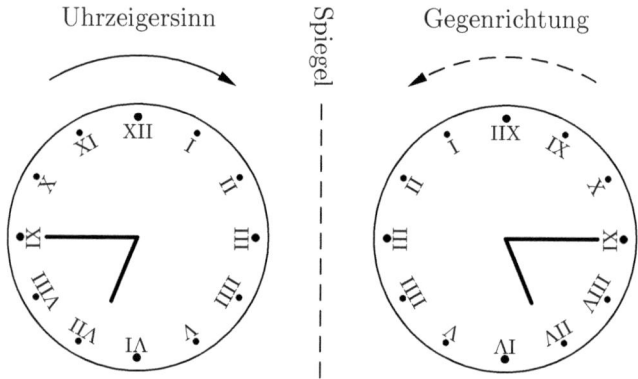

Sicherlich erkennen Sie wieder das Charakteristische einer Spiegelung:

Egal, wie Sie eine Figur vor den Spiegel halten, ihr Drehsinn wird umgekehrt.

Übrigens sind auch Uhren mit genau umgekehrter Gangrichtung im Handel! Stehen Sie morgens um viertel vor sieben auf (links), sagt Ihnen die Uhr, es sei viertel nach fünf! Falls Sie wirklich Spaß daran haben, zu erschrecken oder unpünktlich zum Dienst zu erscheinen, ist es das Mittel der Wahl. Oder Sie schauen sich diese Uhr sicherheitshalber im Badezimmerspiegel an!

Querköpfe Mathematiker sind Querköpfe: Sie nennen die Orientierung einer Uhr 'mathematisch negativ'. Die Gegenrichtung ist für sie positiv! Das kann man natürlich bezeichnen wie man will, einen eigentlichen Grund für diese Festlegung kenne ich nicht.

Sämtliche Europäer fahren im Kreisverkehr entgegen dem Uhrzeigersinn, es sei denn, sie sind betrunken oder Briten. Das mache keinen Unterschied, behaupten böse Zungen, aber Querköpfe sind auch Briten und Iren.

Doch da wir schon einmal dabei sind. Auf dem Sportplatz rennen sogar Briten 'gegen den Uhrzeiger', was sowohl Zeit als auch Richtung betrifft: „The direction of running shall be left-hand inside", besagt die Regel des Internationalen Leichtathletikverbandes. In freier Übersetzung heißt das: "In Laufrichtung muss das Innengebiet links liegen." Na bitte, das ist nicht länger als der englische Originaltext. Man muss sich nur Mühe geben.

Die schon seit 1912 gültige Regelung kommt der Anatomie des Menschen durchaus entgegen. Die rechten Gliedmaße sind zumeist ein wenig länger und kräftiger. Aber bevor Sie glauben, hier habe endlich einmal die Vernunft gesiegt: Die Laufrichtung wurde durch Los entschieden!

Mach' es wie die Sonnenuhr Die ersten Konstrukteure der Uhr richteten sich wohl nach der Gangrichtung der guten alten Sonnenuhr, letztlich also nach dem Lauf der Sonne. Sie bewegt sich am Himmel im Uhrzeigersinn. Das gilt allerdings nur auf der Nordhalbkugel, wo die Uhr erfunden wurde. Die Bewohner der anderen Hälfte müssen mit diesem Zifferblatt nun leben!

Doch diese Schikane wird vielleicht bald vorbei sein: Amerikanische Kinder können mit Zeigeruhren schon lange nichts mehr anfangen. Um die Zeit abzulesen, benötigen die meisten von ihnen eine Digitaluhr.

Zimmerecken und Würfelhälften Komplizierter wird es bei mehrmaligen Spiegelungen im Raum, wobei aber die Spiegelebenen oft senkrecht aufeinander stehen. Das folgende Ergebnis kennen Sie vielleicht vom Billardspielen:

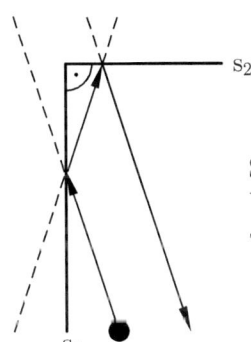

Stößt eine reflektierte Kugel gegen eine benachbarte Bande, kehrt sie parallel zum Spieler zurück.

Das gilt auch für den Weg von Lichtstrahlen in der Ebene. Bei Lichtstrahlen im dreidimensionalen Raum benötigt man noch einen dritten Spiegel senkrecht zur Zeichenebene. Dann kommt jeder Lichtstrahl wieder zurück. Sie können das mit einem Laserpointer und drei entsprechend angeordneten Spiegelfliesen überprüfen. Man bringe diese z.B. in einer Zimmerecke an! Sind diese drei Spiegel quadratisch, bilden sie eine 'Würfelhälfte'.

Die Größe der Spiegel ist nicht entscheidend, auch viele kleine nebeneinander reflektieren das Licht. Ein Beispiel sind die bei Nacht hell leuchtenden Verkehrsschilder und Autokennzeichen. Die verwendeten Reflexionsfolien besitzen eine Oberflächenstruktur mit mikroskopisch kleinen Würfelhälften!

Rettet den Mond Reflektoren dieser Art, sogenannte 'Katzenaugen', wurden auch während der Apollo–Mission 1969 auf dem Mond installiert. Durch Messung der Laufzeit von Laserlichtpulsen misst man seitdem zentimetergenau den Abstand zwischen Mond und Erde.

Wir wissen nun, dass sich unser Erdtrabant pro Jahr rund 4 cm von der Erde entfernt: Durch Wechselwirkung mit der Erde (Gezeiten) gewinnt der Mond an kinetischer Energie, wodurch die Höhe seiner Umlaufbahn wächst. Vor zweihundert Millionen Jahren war der Mond rund 8000 Kilometer näher.

Der Mond hat für uns alle einen unschätzbaren positiven Einfluss:

Eine rotierende Kugel wie die Erde ist gar nicht so stabil wie viele glauben. Die gute Nachricht lautet: Der Mond stabilisiert auch die Lage der Erdachse, die ohne seinen Einfluss chaotisch taumeln könnte. Das würde nun aber die gesamte Entwicklung von Flora und Fauna der Erde durcheinanderbringen. Ein stabiles Erdklima mit regelmäßigen Jahreszeiten wäre nicht zu erwarten!

Möglicherweise hätten wir dann ein Wetter wie in London! Das wird von den dortigen Einwohnern humorvoll ertragen und folgendermaßen beschrieben:

Wir haben auch 4 Jahreszeiten, aber alle an einem Tag!

Viel heiße Luft

Von null auf hundert Ob Sie vom Sprungturm im Schwimmbad mutig ins Wasser springen oder irgendwo einen Stein in den Abgrund werfen, der freie Fall ist immer beeindruckend und außerdem verblüffend schnell:

Nach einer Sekunde beträgt die Geschwindigkeit bereits 9,8 oder einfach runde 10 Meter pro Sekunde, nach zwei Sekunden 20 Meter pro Sekunde. Nach 3 Sekunden Fallzeit sind es folglich schon v = 30 Meter pro Sekunde. Gerundet oder nicht, das sind ganz sicher mehr als 100 Stundenkilometer.

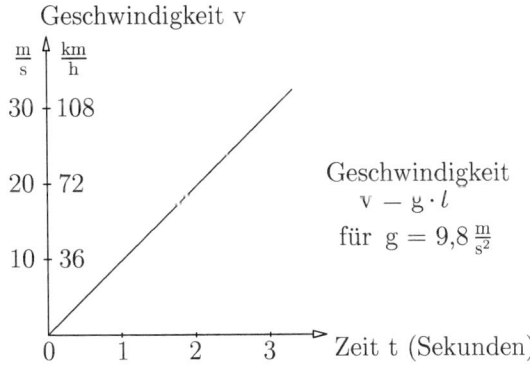

Von null auf hundert in drei Sekunden. Versuchen Sie das mit Ihrem Auto! Ganz sicher schaffen Sie das aber beim Bungeespringen ab 50 m freiem Fall!

Der Sprungturm Springen Sie gelegentlich im Schwimmbad vom Turm? Bis 5 Meter Höhe traue ich mich noch. Auf dem 10-Meter-Turm ist es mir einfach zu windig, da würde ich mich doch nur erkälten ... außerdem habe ich nachgerechnet, mit welcher Geschwindigkeit ich unten ankommen würde:

Gemäß Skizze genügt zu wissen, nach welcher Zeit t man unten ankommt! Um 10 Meter im freien Fall zurückzulegen, benötigt man nur 1,4 Sekunden:

$$\boxed{\textbf{SMS} \quad \text{Zurückgelegte Strecke } \; \mathbf{s} = \int_0^t \mathbf{v}(t)\, dt = \tfrac{1}{2}\, g \cdot t^2 \;\Leftrightarrow\; t = \sqrt{\tfrac{2s}{g}}}$$

Nach 1,4 Sekunden beträgt die Geschwindigkeit 9,8 · 1,4 Meter pro Sekunde. Das sind umgerechnet aber rund 50 km/h, also bereits eine Geschwindigkeit, die Sie auch im Stadtverkehr nicht überschreiten sollten! Bei noch höheren Türmen müsste man konsequenterweise Blitzgeräte einsetzen. Jedenfalls bringt mich keiner da oben hin! Natürlich bremst der Luftwiderstand etwas:

Fallschirmspringer erreichen ungefähr 200 km/h, Wanderfalken im Sturz nach unten sogar bis zu 320 km/h. Schon kurios, als Fallschirmspringer von einem Falken mit zusätzlichen 120 km/h überholt zu werden! Hagelkörner erreichen je nach Größe 60 – 120 km/h, Regentropfen werden auf 20 – 40 km/h abgebremst.

Ich bremse auch für Männer Dieser Aufkleber signalisiert natürlich 'Vorsicht, Frau am Steuer'! Doch jetzt bitte einmal ganz ohne Vorurteile. Bremsen ist nur umgekehrt eine Beschleunigung mit negativem Vorzeichen!

Ich erinnere mich dunkel an einen Witz, wo ein Mann vom 10-Meter-Turm springt und dann merkt, dass unten im Becken noch gar kein Wasser ist! Man sollte vielleicht auch beim Turmspringen einen Airbag dabei haben:

Eine Überlebenschance besteht aber nur, wenn die beim Aufprall kurzzeitig auftretende (negative) Beschleunigung nicht mehr als 250 m/s² beträgt, also das 25-fache unserer Erdbeschleunigung. Wie dick muss nun der Airbag aufgeblasen sein, um Sie bei einem Direktaufprall zu schützen?

Ganz schön kompliziert Wir vereinfachen natürlich sehr stark, denn es handelt sich um ein kompliziertes Zusammenspiel! Aber Sie erhalten doch eine ungefähre Vorstellung, welchen Schutz ein Airbag im günstigsten Fall noch zu leisten vermag. Hier ist mit einer extrem hohen Beschleunigung und entsprechend geringen 'Fallzeiten' zu rechnen! Und bei einer *negativen* Beschleunigung wird die Geschwindigkeit in gleichem Maße *verringert*, wie sie bei einer *positiven* Beschleunigung *erhöht* würde:

Diskutieren wir zuerst wieder eine positive Beschleunigung von $g = 250\,\text{m/s}^2$. In diesem Fall erreichen wir zum Beispiel schon nach 0,067 Sekunden eine Endgeschwindigkeit von rund 60 km/h. Und die in dieser Zeit zurückgelegte Strecke beträgt dann 0,56 m.

$$\textbf{SMS} \quad v = 250\,\tfrac{\text{m}}{\text{s}^2} \cdot 0{,}067\,\text{s} = 16{,}75\,\tfrac{\text{m}}{\text{s}} \approx 60\,\tfrac{\text{km}}{\text{h}}$$
$$s = \tfrac{1}{2} \cdot 250\,\tfrac{\text{m}}{\text{s}^2} \cdot (0{,}067\,\text{s})^2 = 0{,}56\,\text{m}$$

Das bedeutet umgekehrt: Sind Kopf und Rumpf mit 60 km/h unterwegs, benötigen diese bei einer *negativen* Beschleunigung von $250\,\text{m/s}^2$ genau 0,067 Sekunden und eine Strecke von 56 cm, um auf Null abgebremst zu werden! Und das geschieht mit Hilfe des blitzartig aufgeblasenen Airbags.

Nicht nur heiße Luft Sollte der Airbag nicht so prall sein, werden Sie im Auto wohl trotzdem überleben, da der Gurt und die Knautschzone der Karosserie noch nicht berücksichtigt wurden.

Übrigens hat sich ein praller Airbag nach 0,120 Sekunden bereits wieder vollständig entleert! Nach weniger als 0,1 Sekunden sollten Sie ja bereits abgebremst worden sein. Rechnen wir noch andere Geschwindigkeiten durch! Ganz analog erhalten wir:

Bei 50 km/h genügen schon 39 cm Airbag, was die Überlebenschancen enorm verbessert. Beim Sprung vom 10-Meter-Turm ins leere Wasserbecken wären die Chancen mit Airbag also gar nicht so schlecht!

Ausprobieren werde ich es auf gar keinen Fall – merkwürdig, dass man beim Autofahren keine solchen Hemmungen verspürt. Zur Information am Rande: Der von allen Herstellern geforderte Euro–Crashtest erfolgt bei 64 km/h!

Erforderliche Mindestdicke für den Aufprallschutz:

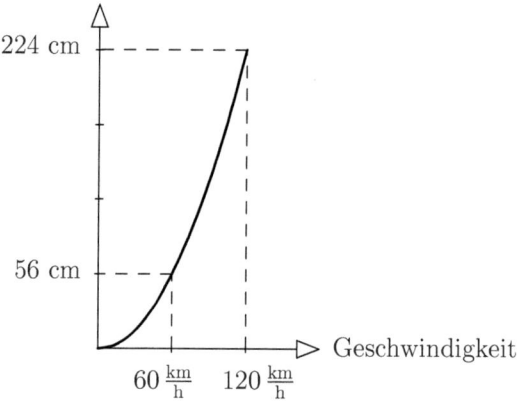

Bei höheren Geschwindigkeiten kann es leider sehr kritisch werden: Selbst wenn die Knautschzone Ihre Geschwindigkeit auf 120 km/h verringerte, wären zum Abbremsen immernoch mehr als 200 cm Luftkissen notwendig. Dafür reicht aber der Platz nicht aus, und der Gurt hilft oft auch nicht mehr.

Und Gurtmuffel sind ohnehin chancenlos!

Schummeln für Fortgeschrittene

Zahlenmystik auf dem Konto Haben Sie beruflich mit Zahlen zu tun, vielleicht sogar als Angestellter einer Bank, als Wirtschaftsprüfer oder Finanzbeamter einer Steuerbehörde? Falls ich Ihnen nun zum Beispiel hundert oder gar tausende Kontostände liefern würde, könnten Sie dann feststellen, ob diese vermutlich 'echt' oder nur frei erfunden sind?

Es klingt mysteriös: Notieren Sie sich als erste Kontrolle die Anfangsziffern! Bei einem Kontostand von beispielsweise 80 567,12 wäre das also die Ziffer 8. Die Währung ist hierbei ganz unwichtig, deshalb lasse ich sie einfach weg. Wir werden das später genauer diskutieren. Falls die Kontostände echt sind, werden Sie ungefähr folgende Häufigkeiten der *Anfangsziffern* erhalten:

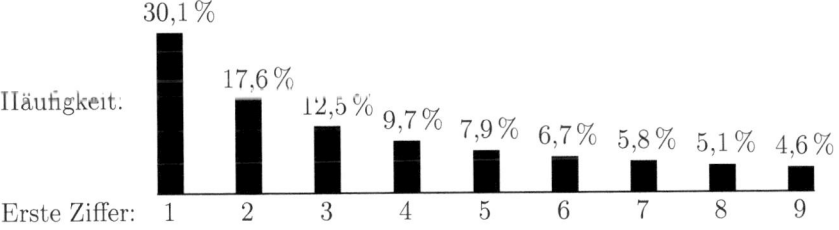

Eine 8 als erste Ziffer sollten Sie idealerweise in etwa 5 % der Fälle erwarten, zuerst eine 1 hingegen zirka *sechsmal* so oft, nämlich in rund 30 % aller Fälle. Das glauben Sie einfach nicht? Dann möchte ich es Ihnen gerne beweisen. Es geht sogar ohne 'Formelkram', wenn Sie nur auf die nächste Skizze achten.

Lang' ist's her Ich erinnere mich an das 9./10. Schuljahr und die scherzhafte Aufgabe: Wenn jemand vor 2000 Jahren nur einen einzigen Cent oder Gleichwertiges mit 2 Prozent jährlicher Verzinsung für mich angelegt hätte, wieviel bekäme ich hiernach ausbezahlt? Jedes Jahr würde das momentane Kapital mit dem Faktor $1 + 2\% = 1 + \frac{2}{100} = 1 + 0{,}02 = 1{,}02$ multipliziert: Wenn man das 2000-mal durchführt, erhalte ich am Ende $1 \cdot \mathbf{1{,}02^{2000}}$ Cent.

Das sind mehr als $1{,}58 \cdot 10^{15}$ gleich 1,58 Billiarden gleich 1580 Billionen Euro! Doch es war nur ein Traum: Die Menschen sind schlecht, sie denken an sich. Nur ich denk' an mich! Vielleicht fällt Ihnen aber auch noch auf: Die führende Ziffer des Kontostandes ist wieder eine Eins! Natürlich nur Zufall, denn zwischenzeitlich hatten auch andere Ziffern die Führungsposition inne. Doch warten Sie ab, beobachten wir genauer, was auf Konten vor sich geht!

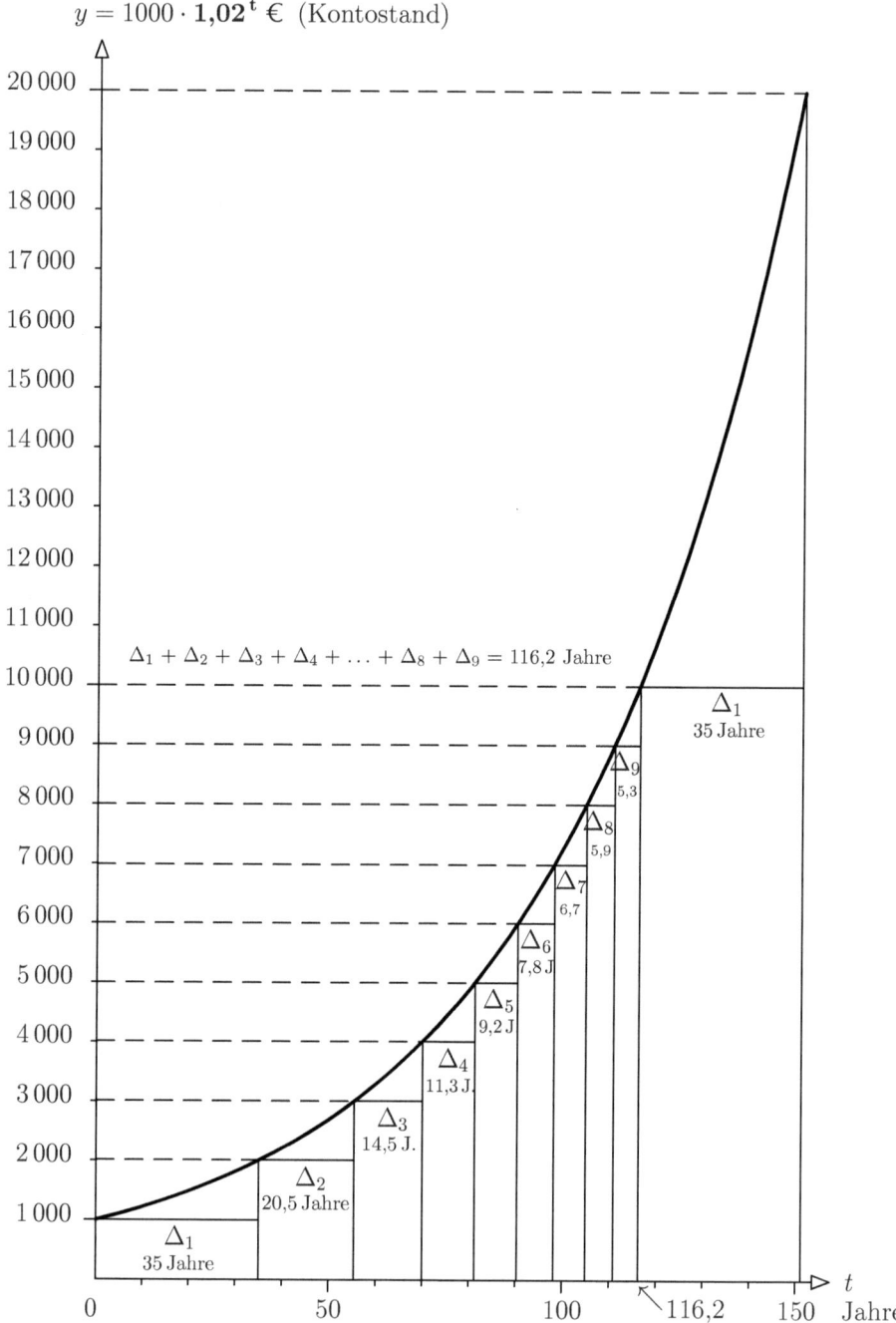

$y = 1000 \cdot \mathbf{1{,}02}^{\,t}\ \text{€}$ (Kontostand)

$\Delta_1 + \Delta_2 + \Delta_3 + \Delta_4 + \ldots + \Delta_8 + \Delta_9 = 116{,}2$ Jahre

Δ_1
35 Jahre

Δ_9
5,3

Δ_8
5,9

Δ_7
6,7

Δ_6
7,8 J.

Δ_5
9,2 J.

Δ_4
11,3 J.

Δ_3
14,5 J.

Δ_2
20,5 Jahre

Δ_1
35 Jahre

Natürlich kenne ich die Zinssätze gar nicht, aber Sie werden sehen, das spielt keine Rolle. Und anstatt viele Kontostände gleichzeitig zu betrachten, lassen Sie mich repräsentativ ein einziges Konto genügend oft und vor allem lange genug beobachten, damit sich die erste Ziffer auch genug ändern kann. Diese Ziffer wird sich dann so verhalten wie oben behauptet!

Das sieht man doch Wählen wir als realistischen Kontostand 1000 €. Wir könnten auch bei 1 Cent beginnen oder mit jeder anderen Summe. Was passiert im Laufe der Zeit, zum Beispiel bei einer Verzinsung von 2 Prozent?

Wie lange dauert es, bis sich die führende Ziffer ändert? Erst nach 35 Jahren würde sie von 1 auf 2 wechseln: Wir bezeichnen diese Zeitspanne kurz mit Δ_1. Erst mit 35 Faktoren ergibt sich nämlich wegen $1{,}02^{35} = 2$ das Doppelte! Vergleichen Sie das mit der vorigen Skizze! Doch nun das Entscheidende:

Um von 2 auf 3 zu wechseln, muss man das Kapital jetzt nur noch um den Faktor $1{,}5 = \frac{3}{2}$ vergrößern! Wegen $1{,}02^{20{,}5} = \frac{3}{2}$ geschieht das also schon nach $\Delta_2 = 20{,}5$ Jahren. Und wie man das alles ohne Probieren ausrechnen kann, werden wir später noch besprechen.

Der Wechsel von 3 nach 4 geschieht wegen $1{,}02^{14{,}5} = \frac{4}{3}$ also schon nach Δ_3 = 14,5 Jahren, der Wechsel von 4 nach 5 bereits nach $\Delta_4 = 11{,}3$ Jahren, ...

Diese Zeitspannen werden immer kürzer, und das erkennen Sie doch auch anhand der Skizze mit einem Blick, oder mit einem Lineal, ohne Rechnerei!

Spannend wird es wieder mit 10 000 €. Wegen $1{,}02^{116{,}2} = 10$ dauerte die *Gesamtzeit für eine Verzehnfachung* $\Lambda_G = 116{,}2$ Jahre. Danach sind wir also wieder bei der gleichen Anfangsziffer gelandet. Führende Ziffer ist jetzt wieder eine 1. Diese ändert sich erst beim Kontostand von 20 000 €! Und diese Verdopplung geschieht wegen $1{,}02^{35} = 2$ wieder nach ... ? Bingo, nach $\Delta_1 = 35$ Jahren. Das hatten wir doch schon einmal!

Die führende Ziffer 2 ändert sich wieder nach $\Delta_2 = 20{,}5$ Jahren, weil dann sich der Betrag um das $\frac{3}{2}$ - fache erhöht hat. Kennen wir auch schon, usw. So geht das Spiel Runde um Runde weiter.

Deswegen kann die Skizze auch aufhören, das Wesentliche ist bereits gezeigt! Für jeden Zyklus der Anfangsziffern gilt:

Δ_1	Δ_2	Δ_3	Δ_4	Δ_5	Δ_6	Δ_7	Δ_8	Δ_9	Gesamtsumme Δ_G:	
35	20,5	14,5	11,3	9,2	7,8	6,7	5,9	5,3	116,2	Jahre

Die Auswertung *Jeder Zyklus* dauert bei 2 % Zinsen $\Delta_G = 116{,}2$ Jahre. Die Ziffer 1 führt $\Delta_1 = 35$ Jahre lang das Feld an, also 30,1 % der Gesamtzeit!

Das erhält man am einfachsten so: $\quad \dfrac{\Delta_1}{\Delta_G} = \dfrac{35}{116{,}2} = 0{,}301 \ \text{oder} \ 30{,}1\,\%.$

Analog erhält man die relativen Häufigkeiten bzw. Wahrscheinlichkeiten für die übrigen Anfangsziffern 2, 3, 4, ..., 9:

2: $\frac{20{,}5}{116{,}2} = 0{,}176$ 3: $\frac{14{,}5}{116{,}2} = 0{,}125$ 4: $\frac{11{,}3}{116{,}2} = 0{,}097$ ... 9: $\frac{5{,}3}{116{,}2} = 0{,}046$

In Prozent ausgedrückt sind das exakt die angegebenen Werte auf Seite 71.

Einwände Mit der Währung auf dem Konto hat das Ergebnis nichts zu tun. Die Überlegungen für Dollar sind genau die gleichen wie für Euro.

Unwesentlich ist auch, dass wir den Zyklus mit 1 als Anfangsziffer beginnen. Dieser Beginn liefert nur das übersichtlichste Ergebnis! Betrachten Sie wieder die Skizze und beginnen Sie den Zyklus dieses Mal mit dem Anfangsbetrag 2000, das heißt wir starten mit einer 2 als Anfangsziffer:

Der Wechsel von 2 nach 3 geschieht nach $\Delta_2 = 20{,}5$ Jahren, von 3 nach 4 sind es $\Delta_3 = 14{,}5$ Jahre, ..., von 8 nach 9 dann $\Delta_8 = 5{,}3$ Jahre, von 9 nach 1 noch $\Delta_9 = 5{,}3$ Jahre, und von 1 zurück nach 2 schließlich $\Delta_1 = 35$ Jahre! *Das sind wieder genau dieselben Werte wie als Zyklus bereits angegeben:* Am längsten dauert immer der Wechsel der führenden Ziffer von 1 nach 2! Schon merklich kürzer ist es von 2 nach 3, und am kürzesten von 9 nach 1!

Falls Sie einwenden, unser Ergebnis wäre speziell die Folge der 2-prozentigen Verzinsung, dann rechnen Sie noch irgendein anderes Zinsbeispiel durch. Oder rechnen Sie anstelle von $a = 1{,}02$ doch gleich mit einer beliebigen Zahl $a \neq 1$ als Basis. Aber das ist wirklich nur noch etwas für ganz Hartgesottene!

Hier wie im folgenden bezeichnet H(z) die Häufigkeit der Anfangsziffer z:

SMS Wechsel $z \to z+1:$ $a^{\Delta_z} = \dfrac{z+1}{z} \ \Leftrightarrow \ \Delta_z = \dfrac{\lg \frac{z+1}{z}}{\lg a} = \dfrac{\lg\left(1 + \frac{1}{z}\right)}{\lg a}$	
Zyklusdauer: $a^{\Delta_G} = 10 \ \Leftrightarrow \ \Delta_G = \dfrac{1}{\lg a}$	$H(z) = \dfrac{\Delta_z}{\Delta_G} = \lg\left(1 + \frac{1}{z}\right)$

Die bekannten relativen Häufigkeiten bzw. Wahrscheinlichkeiten der führenden Ziffern 1, 2, 3, ..., 9 lassen sich hiermit auch *formelmäßig ausdrücken:*

$$H(1) = \lg\left(1 + \frac{1}{1}\right), \quad H(2) = \lg\left(1 + \frac{1}{2}\right), \quad \ldots, \quad H(9) = \lg\left(1 + \frac{1}{9}\right).$$

$$\underbrace{\qquad}_{0{,}301} \qquad \underbrace{\qquad}_{0{,}176} \qquad \underbrace{\qquad}_{0{,}046}$$

Luft holen Erschrecken Sie nicht, das war nur der Exkurs für Ungläubige! Hier sind ja nur wieder die Häufigkeiten angegeben, wie ich Sie Ihnen schon von Anfang an genannt habe! Allerdings sind diese Zahlenwerte nun in eine Formel gegossen! Hiermit erkennen wir auch, dass die Verzinsung für das Ergebnis keine Rolle spielt! Der Wert a kommt in der Formel ja gar nicht vor, er kürzte sich einfach weg. Und noch etwas ist bemerkenswert:

Die obige Herleitung gilt sogar für jede ein- oder mehrstellige Anfangszahl z! Wie häufig ist also zum Beispiel ein Kontostand, der 'mit 21 anfängt'?

Ergebnis: $H(21) = \lg(1 + \frac{1}{21})$.

Das Ergebnis lautet, ganz allgemein formuliert:

Für jede ein- oder mehrstellige Anfangszahl z gilt: $H(z) = \lg\left(1 + \dfrac{1}{z}\right).$

Finden Sie diese Zusammenfassung aller Überlegungen nicht faszinierend? Ein anscheinend kompliziertes Problem, eine erstaunlich einfache Lösung!

Dieses zentrale Ergebnis erscheint auf den ersten Blick nicht so interessant, hilft aber enorm bei weiteren speziellen Fragen:

Die zweite Reihe Notieren wir dieses Mal nicht die erste Ziffer unseres fiktiven Kontostandes, sondern nur die zweite Ziffer. Ganz nebenbei gesagt, selbstverständlich übermitteln wir alle Kontostände dem geliebten Finanzamt völlig korrekt. Deshalb hier nur einmal ganz theoretisch angenommen, man würde Sie zwingen, Angaben glaubhaft zu fälschen. Das wäre wirklich 'Schummeln für Fortgeschrittene'!

Würden Sie die Häufigkeit der zweiten Ziffer so verteilen wie bei der ersten?

Das ist gar nicht möglich, denn in diesem Falle sind es *zehn* Kandidaten: 0, 1, 2, 3, 4, 5, 6, 7, 8, 9. Bisher betrachteten wir nur die *neun* Anfangsziffern 1, 2, 3, 4, 5, 6, 7, 8, 9. Und wie hilft uns die Skizze bei der zweiten Stelle?

Mit dem schönen Ergebnis $H(z) = \lg\left(1 + \frac{1}{z}\right)$ brauchen wir gar keine Skizze!

'0 als *zweite* Ziffer' bedeutet die Anfangszahlen $1\underline{0}$ oder $2\underline{0}$ oder ... $9\underline{0}$!
Das ergibt folglich insgesamt $H(10) + H(20) + H(30) + \ldots + H(90)$ als Häufigkeit für Null als zweite Ziffer! Mit unserem eleganten Ergebnis und einem kleinen Taschenrechner ist das noch eine ziemlich einfache Aufgabe, denn $H(10) = \lg\left(1 + \frac{1}{10}\right)$, $H(20) = \lg\left(1 + \frac{1}{20}\right)$, $H(30) = \lg\left(1 + \frac{1}{30}\right)$, usw.

'1 als *zweite* Ziffer' bedeutet als Anfangszahlen $1\underline{1}$ oder $2\underline{1}$ oder ... $9\underline{1}$!
Das ergibt insgesamt $H(11) + H(21) + H(31) + \ldots + H(91)$ als Häufigkeit für Eins als zweite Ziffer! Analog mit '2 als zweite Ziffer', usw.

Nach diesen Vorüberlegungen liefert uns der Taschenrechner das Ergebnis:

Häufigkeit:

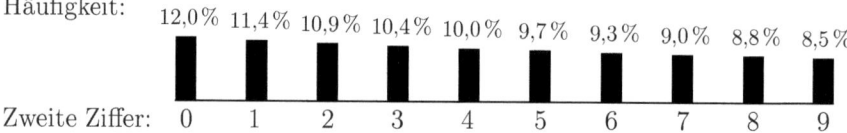

| 12,0% | 11,4% | 10,9% | 10,4% | 10,0% | 9,7% | 9,3% | 9,0% | 8,8% | 8,5% |

Zweite Ziffer: 0   1   2   3   4   5   6   7   8   9

Die Unterschiede an zweiter Stelle sind demnach schon wesentlich geringer! Hier lässt sich bei wenigen Daten schon leichter fälschen!

Die Bestimmung der Häufigkeit der dritten Ziffer ist bereits eine Fleißarbeit: Sie schwankt nur noch zwischen 10,2 % für die Eins und 9,8 % für die Neun. Hier ist kaum noch ein Unterschied zu erkennen.

Für die vierte Ziffer ist selbst bei dieser Genauigkeit der Prozentangaben annähernd die *Gleichverteilung* mit je 10,0 % für 0, 1, 2, 3, . . . , 9 erreicht.

So stellt man sich das als Laie eigentlich für <u>alle</u> Ziffern vor!

Newcombs Formel und Benfords Gesetz Dass die oben errechneten Häufigkeiten auch beim Aktien–Index oder bei Warenwerten zu beobachten sind, erscheint noch irgendwie plausibel. Vergessen wir nicht prozentuale Preissteigerungen, Lohnerhöhungen, usw. Wirklich überraschend ist, dass diese Ziffernhäufigkeiten auch in ganz anderen Bereichen zu finden sind!

Bereits 1881 fiel dem Astronomen Simon Newcomb auf, dass die vorderen Seiten der Logarithmentafeln weitaus gebrauchter aussahen als die hinteren. Solche Tafeln nutzte man als Rechenhilfe, Taschenrechner gab es noch nicht. Seine heuristischen Überlegungen führten ihn bereits zu der Folgerung: Die Häufigkeit der natürlichen Zahl z als führende Ziffer(n) beträgt $\lg\left(1 + \frac{1}{z}\right)$.

Newcombs Formel geriet schnell in Vergessenheit. Sie erschien seinen Zeitgenossen wohl doch zu skurril. Erst viele Jahre später wurde der Physiker

Frank Benford wieder auf dieses Phänomen aufmerksam. In einer wahren Fleißarbeit fand er die Verteilung der führenden Ziffern in vielen verschiedenen Lebensbereichen bestätigt und veröffentlichte 1938 seine Ergebnisse.

Seitdem spricht man allgemein von Benfords Gesetz. Dieses gilt auch in guter *Näherung* für die Länge von Flüssen, die Fläche von Entwässerungsgebieten und vieles mehr. Es ändert auch nichts, wenn Sie Länge oder Fläche in anderen Einheiten ausdrücken, oder wie bei Geldbeträgen bereits erwähnt, wenn wir von € zu $ wechseln. Man bezeichnet das als *Skaleninvarianz*! Wir wissen heute zumindest, dass die von Newcomb und Benford postulierte Verteilung die einzig mögliche skaleninvariante Ziffernverteilung ist!

Kreative Buchführung Im kleinen Rahmen ist eine Datenfälschung nur schwer nachweisbar und schon mit wenig Geschick und Wissen zu vertuschen! Den wirklich Großen geht es nun aber mit Benfords Gesetz an den Kragen:

Der Mathematiker Mark Nigrini entwickelte als erster ein Analyseprogramm, um verdachtige Bilanzen herauszufiltern. Da auch zufällig ausgewählte Teildaten überprüft werden und einer Benford–Verteilung genügen müssen, die zweite Ziffer inklusive, wird eine perfekte Fälschung beinahe unmöglich.

Nigrini betreibt inzwischen eine florierende Firma. Sie überprüft Bilanzen, Testreihen von Medikamenten, Abrechnungen von Krankenkassen u.a. Zumindest die Steuerbehörden mehrerer amerikanischer Bundesstaaten benutzen Nigrinis Software ebenso wie die interne Buchhaltung vieler internationaler Großunternehmen. Auch wenn Sie als Angestellter oft nur kleinere Beträge in betrügerischer Absicht auf das eigene Konto überweisen wollen, müssen Sie schon 'kreativ' sein.

Griechischer Wein Wirtschaftswissenschaftler der TU Ilmenau prüften Haushaltszahlen und ökonomische Daten aller 16 Euro–Staaten der Jahre 1999 - 2009. Sie untersuchten mehr als 150 Zahlenwerte wie Schuldenstand, Bargeldbestände, Bruttoinvestitionen, Pensionsanwartschaften und Gesamtausgaben, und was es alles so gibt.

Bei keinem der Euro–Länder erwiesen sich damals die Abweichungen im Vergleich zur Benfordschen Verteilung so groß wie bei Griechenland. Die beste Übereinstimmung zeigten die Daten der Niederlande sowie von Polen! Und man lese und staune: Deutschland rangierte nur im Mittelfeld Hoffentlich hakt keiner nach Griechenland wurde von der Statistikbehörde Eurostat der Manipulation seiner volkswirtschaftlichen Daten überführt!

Es gibt auch Grenzen Selbstverständlich dürfen die zu prüfenden Daten keinen besonderen Einschränkungen unterliegen. Solche Einschränkungen der Werte gibt es zum Beispiel bei Körpergrößen, bei Tagestemperaturen, Lottozahlen oder Zeiten im 100-Meter-Lauf. Hier ist von vornherein keine Benfordsche Verteilung zu erwarten!

Oder blicken Sie einmal auf das Datum Ihres Tageskalenders: Wie oft finden Sie dort als *Anfangsziffer* eine Eins, aber wie oft eine Vier?

Wir stellen nun doch etwas erleichtert fest:

Es gibt im Leben auch logarithmusfreie Zonen!

DAS FINANZAMT HAT UNSERE KALENDER-LIEFERUNG ZURÜCKGESCHICKT?
HIER STEHT: ZIFFERNANALYSE ERGAB VERDACHT AUF DATENMANIPULATION!
KALENDER
JUSTIN TIME
JUSTIN TIME KALEND
UND MEHR
KALENDER
KALENDER

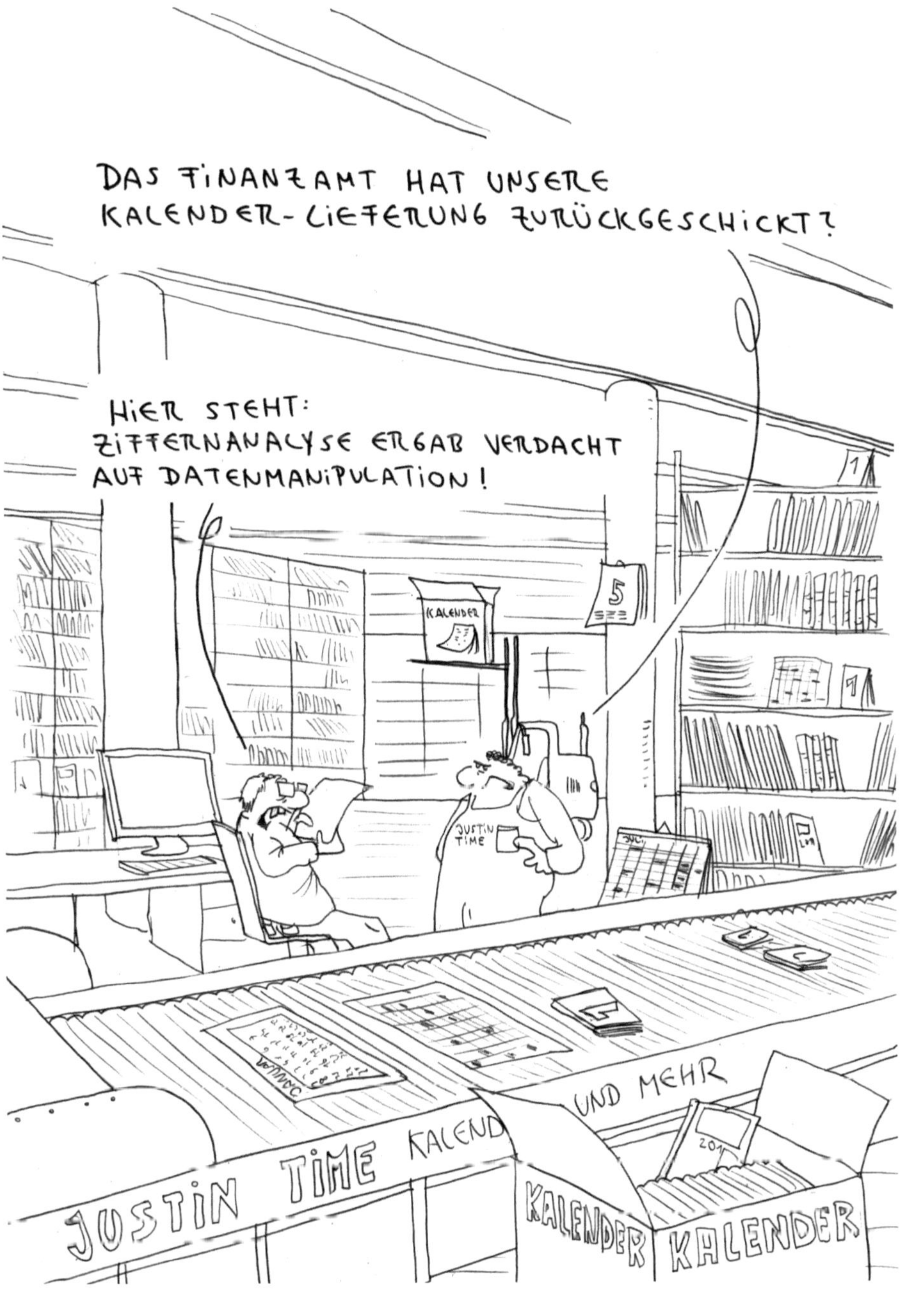

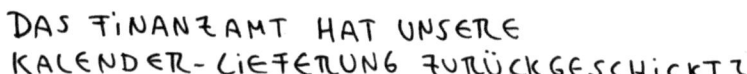

Die Wurzeln für das Papier ABC

Vielfalt oder Einfalt? Sie stecken gerade einige DIN-A4 Seiten in einen Briefumschlag. Schon zu schwer, vermuten Sie! Was wiegen DIN-A4 Blätter? Doch schauen wir uns erst einmal papiermäßig in der Welt um:

So finden Sie etwa in den USA und Kanada folgende, vom <u>A</u>merican <u>N</u>ational <u>S</u>tandards <u>I</u>ntititute im Jahre 1996(!) festgelegten ANSI–Papierformate, definiert in Inches! Maßstabsgerecht verkleinert ergibt sich folgendes Bild:

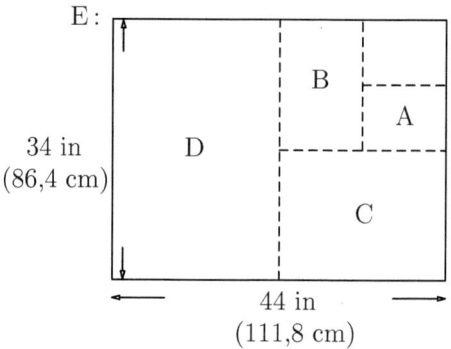

Durch fortlaufendes Halbieren des Ausgangsformats E mit 34 Inch × 44 Inch ergeben sich nun der Reihe nach absteigend die kleineren Formate D, C, B, A:

E: 34 × 44: Hier wird zuerst die lange Rechteckseite halbiert! Man erhält
D: 34 × 22. Nun wird wieder die längste Seite halbiert. Das ergibt dann
C: 17 × 22. Nach Wiederholung der zweimaligen Teilung erhalten wir
B: 17 × 11 und schließlich nur grob unserem DIN-A4 entsprechend
A: 8,5 × 11. Doch wie ist es bei uns?

Wir benutzen nur ein anderes Ausgangsformat, die Vorgehensweise bleibt gleich:

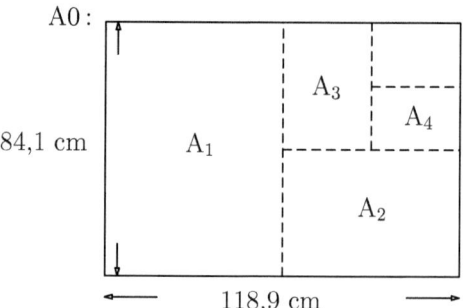

Um zunächst einmal unsere Eingangsfrage zu beantworten, notieren wir *systematisch* die Längen- und Flächenmäße unserer DIN-Reihe:

A0: $84,1 \text{ cm} \times 118,9 \text{ cm} = 1 \text{ m}^2$

A1: $84,1 \text{ cm} \times 59,5 \text{ cm} = \frac{1}{2} \text{ m}^2 = \left(\frac{1}{2}\right)^1 \text{ m}^2$

A2: $42,0 \text{ cm} \times 59,5 \text{ cm} = \frac{1}{4} \text{ m}^2 = \left(\frac{1}{2}\right)^2 \text{ m}^2$

A3: $42,0 \text{ cm} \times 29,7 \text{ cm} = \frac{1}{8} \text{ m}^2 = \left(\frac{1}{2}\right)^3 \text{ m}^2$

A4: $21,0 \text{ cm} \times 29,7 \text{ cm} = \frac{1}{16} \text{ m}^2 = \left(\frac{1}{2}\right)^4 \text{ m}^2$

A5: $21,0 \text{ cm} \times 14,9 \text{ cm} = \frac{1}{32} \text{ m}^2 = \left(\frac{1}{2}\right)^5 \text{ m}^2$ usw.

Es fällt auf, dass die Fläche von A_0 genau einen Quadratmeter beträgt! (Das E-Format ist ca. 340 cm^2 kleiner) Das gängige Druckerpapier hat ein Gewicht von 80 Gramm/m^2. Ein Blatt A_1 wiegt daher 40 Gramm, A_2 also 20 Gramm, A_3 noch 10 Gramm. Womit wir schließlich zum Ergebnis kommen:

Bei 80g/m^2 Papiergewicht wiegt ein einzelnes DIN-A4-Blatt genau 5 Gramm.

Bei maximal erlaubten 20 Gramm dürfen Sie bis zu 4 'nackte' DIN-A4 Seiten in den Briefumschlag stecken, sozusagen Netto. Ich habe es sicherheitshalber ausprobiert! Ein bisschen Kulanz für den Umschlag scheint wohl drin sein! Oder sollte noch etwas Druckerschwärze gleich Strafporto kosten? Beim amerikanischen Format gäbe es bei 4 ANSI-A Seiten zwar keine Probleme, aber die Größenverhältnisse sind recht unpraktisch:

Ganz der Vater Dieser Spruch muss nicht unbedingt positiv gemeint sein! Das besagt der Kommentar der Großtante: „Welch Unglück für das Kind!"

Im Folgenden geht es nämlich um Ähnlichkeit. Ähnliche Rechtecke sind nur unterschiedlich groß, die Seitenverhältnisse von Höhe zu Breite aber gleich! Das kleine Rechteck ist somit nur eine verkleinerte Ausgabe des größeren.

Beim Vater-und-Kindverhältnis mag dieser Tatbestand in manchen Fällen ungünstig sein. Das hängt natürlich vom Erscheinungsbild des Vaters ab. Doch in den meisten Fällen wird die Mutter hoffentlich eine Ähnlichkeit mit dem Vater begrüßen? Bevor es kritisch wird, schnell zurück zum Papier. Auch die Ähnlichkeit der Papierformate untereinander wäre wünschenswert! Untersuchen wir also das Verhältnis von Höhe zu Breite:

ANSI–Reihe:

$$E: \quad \frac{44}{34} \quad = \quad 1{,}29$$

$$D: \quad \frac{34}{22} \quad = \quad 1{,}55$$

$$C: \quad \frac{22}{17} \quad = \quad 1{,}29$$

$$B: \quad \frac{17}{11} \quad = \quad 1{,}55$$

$$A: \quad \frac{11}{8{,}5} \quad = \quad 1{,}29 \quad \text{usw.}$$

E und D sind offensichtlich *nicht* zueinander ähnlich! Aber E und C, C und A, E und A, sowie D und B sind ähnlich. Das ist aber gar nichts Besonderes, *denn das passiert beim Halbieren dieser Art mit jedem Anfangsformat!*

Etwa von E ausgehend ist nach *zweimaligem* Halbieren das entstandene Rechteck C mit halber Höhe und halber Länge natürlich wieder ähnlich, weil es einfach nur verkleinert wurde! Direkt *aufeinanderfolgend* liefern die Halbierungen beim ANSI–Format aber *keine* Ähnlichkeit.

Nun der Vergleich mit dem DIN–Format:

DIN–Reihe:

$$A0: \quad \frac{118{,}9}{84{,}1} \quad = \quad 1{,}41$$

$$A1: \quad \frac{84{,}1}{59{,}5} \quad = \quad 1{,}41$$

$$A2: \quad \frac{59{,}5}{42{,}0} \quad = \quad 1{,}41$$

$$A3: \quad \frac{42{,}0}{29{,}7} \quad = \quad 1{,}41$$

$$A4: \quad \frac{29{,}7}{21{,}0} \quad = \quad 1{,}41 \quad \text{usw.}$$

Es erscheint uns selbstverständlich, zum Beispiel ein DIN-A4 Format auf DIN-A5 zu verkleinern, oder ein DIN-A4 Format auf DIN-A3 zu vergrößern!

Im ANSI–Format ist analoges nicht möglich, da zwei aufeinanderfolgende Formate im Verhältnis von Höhe zu Breite nicht übereinstimmen! Wie gezeigt erhält man beim ANSI–Format abwechselnd die Werte 1,55 und 1,29.

Die Deutsche Industrie–Norm DIN liefert dagegen immer den gleichen Wert 1,41 als Verhältnis von Höhe zu Breite. Was für ein Glück für dieses Kind! Und seine Geburt wurde schon recht früh vorbereitet:

Lichtenberg und $\sqrt{2}$ Bereits 1786 erwähnte der Naturwissenschaftler Georg Christoph Lichtenberg: Soll das Verhältnis von Höhe zu Breite beim Halbieren erhalten bleiben, muss dieses Verhältnis $\sqrt{2} = 1,41\ldots$ betragen! Anders ausgedrückt: Die Höhe h muss $\sqrt{2}$–mal so groß sein wie die Breite b. Hierzu eine Skizze für die SMS:

Halbierung:

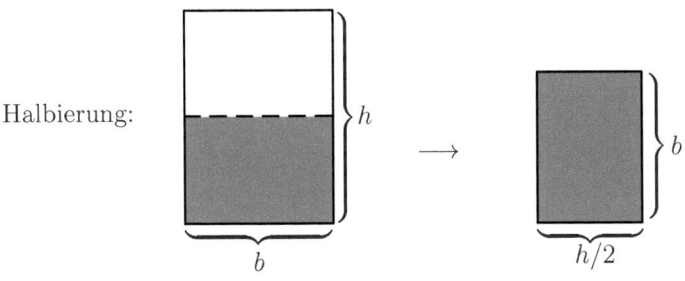

$$\textbf{SMS} \quad \frac{h}{b} = \frac{b}{h/2} \quad \text{bzw.} \quad \frac{h}{b} = \frac{2b}{h}, \text{ also } h^2 = 2\,b^2, \text{ Ergebnis: } h = \sqrt{2} \cdot b$$

Das Ergebnis $h = \sqrt{2} \cdot b$ war bekannt und in Deutschland schon vor hundert Jahren in die Praxis umgesetzt. Warum so *viele Jahre später* in den USA und Kanada das ANSI–Format 'erfunden' wurde, erscheint wenig einsichtig, sondern eher etwas kurzsichtig.

Vor hundert Jahren Gemäß Lichtenberg ist das Verhältnis von Höhe zu Breite festgelegt. Die *Ausgangsgröße* war aber immer noch frei wählbar!

Hierfür wurde im Jahre 1922 vom Deutschen Institut für Normung unter DIN 476 als Papierformat der A–Reihe eine Rechteckfläche von 1 m² festgelegt! Selbstverständlich wurden Höhe h und Breite b *formelmäßig* bestimmt:

Wie groß ist das zugehörige Rechteck der Höhe h und der Breite b, also mit der Flächenvorgabe von 1 m² und der Lichtenberg-Bedingung $h = \sqrt{2} \cdot b$?

$$\textbf{SMS } h \cdot b = \sqrt{2} \cdot b^2 = 1\,\text{m}^2, \ b^2 = \tfrac{1}{\sqrt{2}} \cdot \text{m}^2, \ b - \tfrac{1}{\sqrt[4]{2}}\,\text{m}, \ h = \sqrt{2} \cdot b = \sqrt[4]{2}\,\text{m}$$

Ergebnis: $\quad b = \dfrac{1}{\sqrt[4]{2}}\,\text{m} = 84,1\,\text{cm}, \qquad h = \sqrt[4]{2}\,\text{m} = 118,9\,\text{cm}.$

Weiter im Alphabet Mit der DIN 476 wurde auch eine B–Reihe festgelegt: Natürlich blieb man beim Lichtenberg–Format, wählte aber als *Breite* von B0 genau 1 m: Höhe somit $\sqrt{2} \cdot 1\,\text{m} = 1{,}414\,\text{m}$. Ansonsten alles wie gehabt!

Ganz nebenbei: Mit dem 'Goldenen Schnitt' hat unser Papier nichts zu tun, ebensowenig wie die amerikanischen Größen!

Das deutsche Papierformat wurde ein Exportschlager und schließlich mit ISO 216 als *internationaler* Standard definiert! Ausnahmen: USA, Kanada.

Später fügte die Internationale Organisation für Standardisierung, kurz ISO, mit ISO 269 noch eine C–Reihe zwischen(!) A und B ein:

B0 : 100 cm × 141,4 cm
C0 : 91,7 cm × 129,7 cm →
A0 : 84,1 cm × 118,9 cm

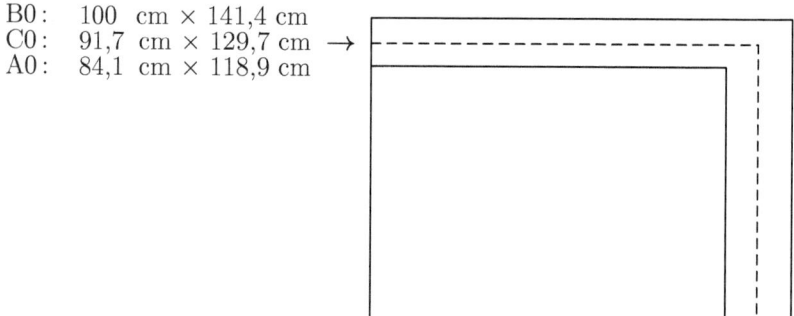

Die B– und C–Reihe wird natürlich vor allem für Briefumschläge benutzt. Wer es gerne mathematisch exakt haben möchte:

SMS Faktoren zum Umrechnen der Maße:

$$A \xrightarrow{\ \sqrt[8]{2}\ =\ 1{,}0905\ } C \xrightarrow{\ \sqrt[8]{2}\ =\ 1{,}0905\ } B$$

Bei so viel Wurzelziehen bekommt man allerdings schon Zahnschmerzen!

Wichtig bleibt für unser 'Papier ABC mit Halbierung' das *Anfangsverhältnis*, Höhe $= \sqrt{2}$ mal Breite. Nur dieses Verhältnis setzt sich beim Halbieren fort!

Ausnahmsweise gilt also hier:

Anfang gut, alles gut!

Gürtel und Keilriemen

Das Umfangparadox Im Laufe der Zeit wird so manches Kleidungsstück wie Hose oder Rock empfindlich eng in der Taille. Das liege, so sagen mir manche zum Trost, ganz einfach am Einlaufen des Stoffes beim Waschen. Leider besitze ich auch einen Lieblingsgürtel, der mir genau wie die Hose langsam enger würde, könnte ich ihn nicht nach Bedarf etwas weiter stellen. Da der Gürtel nie gewaschen wurde, ist er bereits an der Luft eingelaufen?

Allzu lang darf ein Gürtel aber auch nicht sein! Angenommen, er ist 1 m lang. Wäre er zum Beispiel 1 Meter *länger*, hätte er bereits seinen Zweck verfehlt. Der Gürtel würde nämlich deutlich rundherum abstehen, ungefähr 16 cm:

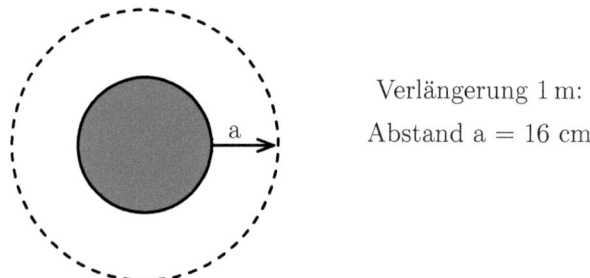

Verlängerung 1 m:

Abstand a = 16 cm

Stellen Sie sich jetzt einmal spaßeshalber vor, Sie könnten auch Mutter Erde einen Gürtel verpassen, vielleicht einmal rund um den Äquator als Taille. Nachdem Sie nun entsprechend Maß genommen haben, verlängern Sie diesen Riesengürtel von sagen wir einfach 40 000 km Länge, ebenfalls um 1 Meter!

Um wie viel wird der Gürtel rundherum vom Äquator abstehen?

Passt da vielleicht noch eine Ameise dazwischen?

Die Rechnung ist ziemlich einfach, falls Sie sich an die wichtige Beziehung zwischen Radius r und dem Umfang U eines Kreises erinnern: $2\pi \cdot r = U$. Wegen $2\pi \approx 6{,}28$ also einfach nur: $6{,}28 \cdot r = U$. Noch nicht abschalten, sondern schnell noch beide Seiten durch 6,28 dividieren! Das ergibt also:

$$r = 0{,}16 \cdot U \qquad\qquad (\tfrac{1}{2\pi} \approx 0{,}16)$$

Erwecken wir doch diese abstrakte Formel durch konkrete Zahlenbeispiele zu wirklichem Leben:

Ein Bauchumfang von 100 cm gilt bei Männern schon als kritisch. Welcher Radius gehört dazu? Einsetzen von $U = 100$ cm liefert $r = 0{,}16 \cdot 100$ cm.

Das ergibt also einen Radius $r = 16\,\mathrm{cm}$.

Nun hoffe ich nicht, dass Sie einen Umfang von 200 cm haben. Dieser liefert natürlich $r = 0{,}16 \cdot 200\,\mathrm{cm}$, also $r = 32\,\mathrm{cm}$. Ein Zuwachs von 16 cm.

Geben wir wieder locker einen Meter dazu, sind wir bei einem Radius von $r = 0{,}16 \cdot 300\,\mathrm{cm}$ angelangt, also $r = 48\,\mathrm{cm}$. Wieder ein Zuwachs von 16 cm.

Und schon klar, bei $U = 400\,\mathrm{cm}$ wird $r = 64\,\mathrm{cm}$. Schon wieder 16 cm mehr.

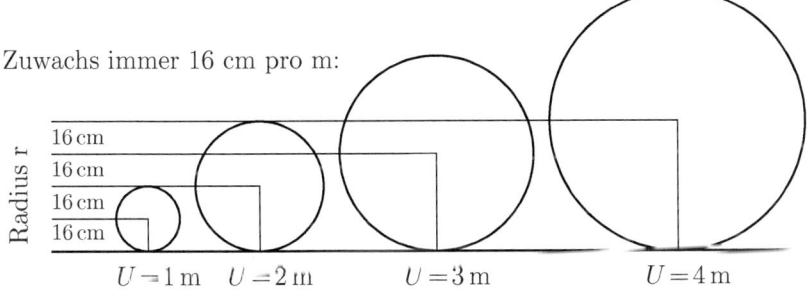

Das geht ewig so weiter! Egal wie groß der Kreis inzwischen schon geworden sein mag: Wächst der Umfang um 1 m, wächst der Radius um (rund) 16 cm. Das gilt auch noch, wenn der Kreis allmählich die Größe der Erde erreicht!

Um auf die Ameise zurück zu kommen, das war natürlich nur eine Fangfrage. Zwischen der Erde und dem Gürtel passt sicher auch ein Meerschweinchen!

Mal 'was Neues Das vorige Gedankenspiel war Ihnen vielleicht bekannt? Also: 1 m Zugabe beim Umfang ergibt einen Zuwachs von 16 cm beim Radius. Nun spielen wir aber weiter! Wir erreichen an unserem Standort sofort einen Abstand von 32 cm, wenn wir den Gürtel zu uns 'rüberschieben', siehe rechts:

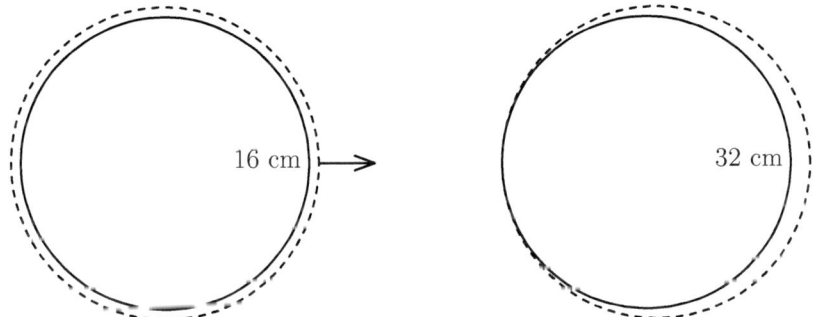

Aber warum nur Ameise oder Hamster, auch wir wollen darunter durchgehen!

Deshalb ziehen wir den Erdgürtel an der Stelle K, wo wir stehen, so weit wie möglich nach oben bis zu T. Vergleichen Sie mit der folgenden Skizze links!

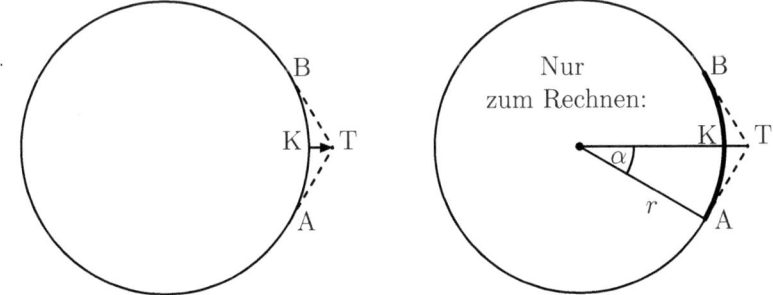

Passen wir an der Stelle K darunter hindurch?

Nun ist hartes(!) Rechnen angesagt, mit einem Erdradius r von $6\,366\,000$ m :

$$\textbf{SMS} \quad \overline{AT} = \overset{\frown}{AK} + 0,5\,\text{m} = \alpha \cdot r + 0,5\,\text{m}, \quad \frac{\overline{AT}}{r} = \alpha + \frac{0,5\,\text{m}}{r}$$

$$\tan \alpha = \alpha + \frac{0,5\,\text{m}}{r}, \quad \tan \alpha - \alpha - \frac{0,5}{6\,366\,000} = 0, \quad \alpha = 0{,}006\,176\ \text{rad}.$$

$$\overset{\frown}{AK} = \alpha \cdot r = 39{,}3\ \text{km}, \quad \overline{AT} = \overset{\frown}{AK} + 0{,}5\ \text{m}, \quad \text{nun 'Pythagoras' mit } x = \overline{KT}:$$

$$(r+x)^2 = r^2 + \overline{AT}^2, \quad x^2 + 2r \cdot x - \overline{AT}^2 = 0, \quad x = -r + \sqrt{r^2 + \overline{AT}^2}.$$

Die zwei Werte $r = 6\,366\,000$ m und $\overline{AT} = 39{,}3$ km $+ 0{,}5$ m $= 39\,300{,}5$ m müssen zuletzt nur noch eingesetzt werden. Doch nun werden Sie zweifeln! Der Taschenrechner liefert für die Strecke $x = \overline{KT}$ das erstaunliche Ergebnis:

$$\overline{KT} = \textbf{121 m}\,!$$

Da passt also noch 'Höheres' als wir unter das um 1 Meter verlängerte Seil! Auch ein Dorf mit Kirchturm, Marktplatz und Rathaus fände darunter Platz. Die Erklärung ist ähnlich wie beim Spannseilparadox von Seite 110!

Technisch Versierte können sich in der Skizze beim Punkt T vielleicht ein kleines Rad vorstellen, das mit dem Riesengürtel wie mit einem 'Keilriemen' verbunden ist. Je größer das Antriebsrad links, um so empfindlicher reagiert ein Keilriemen nämlich auf Längenänderungen! Deswegen sind Keilriemen oft vorgespannt.

Man könnte also auch vom Keilriemenparadox sprechen!

Flecken der Erkenntnis

Messbecher aller Art Vielleicht besitzen Sie zu Hause einen *zylindrischen* Messbecher. Abhängig von der Füllhöhe h ist darauf natürlich das zugehörige Volumen verzeichnet. Natürlich könnte man das auch ausrechnen:

$$\text{Volumen} \quad \mathbf{V} = \mathbf{G} \cdot \mathbf{h} \quad \text{(Grundfläche mal Höhe):}$$

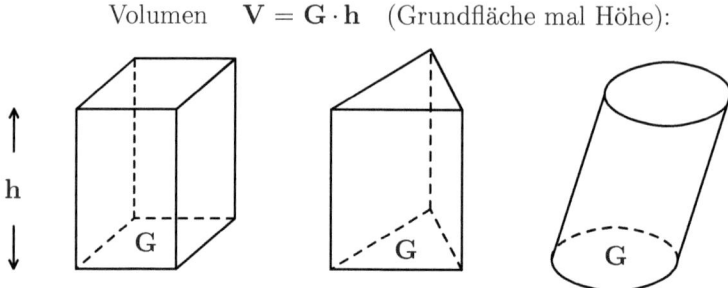

Maßgebend ist also nur die Größe dieser Grundfläche **G**, nicht deren Form: Wenn Sie Wasser in ein solches Gefäß gießen, dann spielt es gar keine Rolle, ob es sich zum Beispiel auf einem Quadrat oder einer gleichgroßen Dreiecks– oder Kreisfläche verteilt. Bei gleicher Grundfläche steigt es gleich hoch! Das gilt auch für einen geraden oder schrägen Zylinder, aber letzteres kommt wohl eher selten vor.

Wenn Sie sich bitte merken, dass es zuallererst auf die Grundfläche G ankommt, haben Sie die erste Hürde für die Anwendung schon überwunden! Die zweite Hürde ist dann die

Höhe, Dicke oder Länge Bei Anwendung der einfachen Formel $V = G \cdot h$ besteht das weitere psychologische Problem, bei flachen Objekten wie Papier, Lackschicht oder Folie von einer Höhe zu sprechen. Man bezeichnet diese Höhe im Alltag gewöhnlich als 'Dicke'. Bei anderen Dingen spricht man von 'Länge', obwohl es sich geometrisch betrachtet um die Höhe eines Zylinders handelt:

Hairkules So heißt mein Friseursalon, der fast jeden Monat meine Frisur wieder in Form bringt. Gefühlt sind das oft 3 cm, die hierbei verloren gehen. Aber wie groß wäre dann eigentlich das abgeschnittene 'Haarvolumen'? Falls bei Ihnen weniger abgeschnitten wird oder mehr, dann rechnen Sie entsprechend um:

Haare sind jedenfalls zylindrisch, die Grund- bzw. Querschnittsfläche ist ein Kreis, und die Höhe bezeichnet man in diesem Fall als Länge.

Die Dicke bzw. der Durchmesser eines Haares beträgt ungefähr 0,06 mm, der Radius r folglich 0,03 mm. Als Querschnittsfläche erhalten wir somit

$$G = \pi \cdot r^2 = \pi \cdot 0{,}0009 \text{ mm}^2$$

Multipliziert mit der Höhe h = 30 mm des abgeschnittenen Zylinders folgt

$$V = \pi \cdot 0{,}0009 \text{ mm}^2 \cdot 30 \text{ mm} = \pi \cdot 0{,}027 \text{ mm}^3$$

Bei ungefähr 120 Tausend Haaren ergibt das ein Gesamtvolumen von

$$V_{\text{gesamt}} = 10\,179 \text{ mm}^3 \approx 10 \text{ ml}$$

Das ist nur ein halbes Schnapsglas voll! Nach hundertmal Haareschneiden ergäbe das dann also insgesamt einen Liter, für einen Gesamtpreis von ...?

Regen bringt Segen Gestern meldete der Wetterdiens 5 mm Niederschlag. Wie viel Liter pro Quadratmeter sind das?

Das ist natürlich besonders einfach! Die Grundfläche ist ein Quadrat mit $G = a \cdot a$ und Seitenlänge $a = 100$ cm, die Wasserhöhe beträgt h = 0,5 cm:

$$V = 100 \text{ cm} \cdot 100 \text{ cm} \cdot 0{,}5 \text{ cm} = 5000 \text{ cm}^3 = 5 \text{ Liter}$$

Bemerkenswert: 1 mm Niederschlag entspricht 1 Liter pro Quadratmeter!

Die befleckte Erkenntnis Hier geht es nicht um einen Apfel vom Baum der Erkenntnis, sondern um einen Fleck, genauer eine Art Fettfleck. Doch unweigerlich denke ich dabei immer an die legendäre 'Fettecke' von Joseph Beuys. Diese Art von Kunstwerk erkannte der damalige Hausmeister der Düsseldorfer Kunstakademie nicht als eine kreative Schöpfung und ließ es folgerichtig dann auch entfernen.

Ich höre ja schon auf – vom Fleck weg gesagt: Es geht um den 'Ölfleckversuch', ein ebenfalls interessantes Beispiel zu diesen Volumenberechnungen, denn:

Haben Sie schon einmal überlegt, dass auch ein Blatt Papier ein Volumen besitzt? Ein DIN A 4–Blatt besitzt eine Grundfläche $G = 21{,}0$ cm $\cdot$ 29,7 cm $\approx 625 \text{ cm}^2$ und eine geringe, aber leicht messbare Höhe von $h = 0{,}01$ cm (500 Blatt ergeben eine Höhe von 5 cm).

Es folgt $V = 625 \cdot 0{,}01 \text{ cm}^3$, also beachtliche 6,25 cm^3.

Umgekehrt ließe sich mit Kenntnis von V und G die Höhe h ausrechnen!

Dabei kommt es bekanntlich auf die *Form* der Grundfläche nicht an! Bei einem historischen Experiment erzeugte eine Menge von $V = 0,050$ mm^3 Ölsäure auf dem Wasser einen Ölfilm der Größe von rund 600 cm^2, also $G = 60\,000$ mm^2.

Aus $V = G \cdot h$ errechnet sich $h = \frac{V}{G}$, und das ergibt eine Höhe oder Dicke von

$$h = 0,8 \text{ Millionstel Millimeter (0,8 Nanometer)}!$$

Der Ölfilm besteht aus vielen zusammenhängenden Molekülen. Ein einzelnes Molekül ist also eventuell noch kleiner als die hier gefundene Schichtdicke.

Letztere ist 500- bis 1000-mal kleiner als die Wellenlänge des sichtbaren Lichts von 400 – 800 Nanometer. Genaues Hinschauen bringt also gar nichts.

Mit diesem einfachen und preiswerten Versuch erhielt man bereits Ende des 19. Jahrhunderts eine gute Abschätzung des atomaren Größenbereichs.

Ein wirklich genialer (Öl-) Fleck!

Und man darf ihn jederzeit wieder entfernen, ohne wie damals an den Eigentümer der Fettecke eine Entschädigung von 40 000 DM zahlen zu müssen (umgerechnet 20 000 €).

Eintrag ins Log-Buch

Eine einfache Bonitätsskala Manche sagen, bei einer Bank werde man um so freundlicher behandelt, je höher der dort aufgenommene Kredit sei. Andere wiederum behaupten, man bekäme nur Geld, wenn man eigentlich gar keines brauche. Wir wollen uns in diesen Streit nicht einmischen, sondern *hinterrücks* eine Bonitäts– oder Liquiditätsskala für Bankguthaben einführen. Sie werden noch merken, was ich mit dieser Formulierung meine!

Sie sehen im Folgenden die Vermögensverhältnisse einer Familie offengelegt, mit der Bitte, diese vertraulich zu behandeln! Sämtliche Angaben in Euro:

1	10	1000	100 000	1 000 000
Teddy	Katharina	Anna–Sophie	Papa Daniel	Onkel Ansgar

Wegen $10^0 = 1$ erhält der Teddybär nur die Liquidität $L(1) = 0$. Mit Recht, denn ehrlich gesagt, handelt es sich eigentlich um einen Schokoladentaler.

Wegen $10^1 = 10$ werden wir Katharina die Liquidität $L(10) = 1$ zuordnen. Sie durfte neulich ihr lange gehegtes Sparschwein zertrümmern!

Anna–Sophie hat nach Kommunion und vielem Sparen 1000 € angehäuft: Wegen $10^3 = 1000$ erreicht Anna–Sophie schon die Liquidität $L(1000) = 3$.

Sie wissen bereits, wie es weiter geht? Sie haben die Sache durchschaut: Wegen $10^5 = 100\,000$ erreicht Papa Daniel die Liquidität $L(100\,000) = 5$.

Nach einem Los der Lotterie 'Ein Platz an der Sonne' strahlt auch Ansgar: Wegen $10^6 = 1\,000\,000$ landet er in unserem Ranking bei $L(1\,000\,000) = 6$.

Sie erkennen die ungeheure Spannbreite dieser wegweisenden Funktion:

Ein Multimilliardär hätte mit 100 Milliarden $= 100\,000\,000\,000 = 10^{11}$ Euro auf dieser Skala nur den Wert 11.

Der Ausdruck 10^L („10 hoch L") nimmt natürlich auch Zwischenwerte an! Hier ein paar ganzzahlig gerundete Werte:

$$10^{0,0} = 1 \; , \quad 10^{0,3} = 2 \; , \quad 10^{0,6} = 4 \; , \quad 10^{0,7} = 5 \, , \quad 10^{0,9} = 8 \, ,$$
$$10^{1,0} = 10 \, , \quad 10^{1,3} = 20 \, , \quad 10^{1,6} = 40 \, , \quad 10^{1,7} = 50 \, , \quad 10^{1,9} = 80 \, ,$$
$$10^{2,0} = 100 \, , \quad 10^{2,3} = 200 \, , \quad 10^{2,6} = 400 \, , \quad 10^{2,7} = 500 \, , \quad 10^{2,9} = 800 \, , \text{ usw.}$$

Sie erkennen: Erhöht man L um 0,3, erhöht sich 10^L auf das Doppelte, bei einer Erhöhung um 0,6 auf das Vierfache, bei 0,9 auf das Achtfache. Bei einer Erhöhung um 0,7 ist der Faktor Fünf, bei einer Erhöhung um 1,0 sogar Zehn.

$$\boxed{\textbf{SMS} \quad 10^{L_1+L_2} = 10^{L_1} \cdot 10^{L_2}}$$

Die Erde bebt Solche Hochzahlen (Exponenten) L wie die fiktive Liquidität werden oft dazu verwendet, eine übersichtliche Skala für eine riesige Spannbreite möglicher Messwerte zu erreichen. Die Stärke eines Erdbebens wird zumeist nach der sogenannten *Richterskala* angegeben. Folglich ist die Stärke 5,7 vergleichsweise fünfmal und 5,3 noch doppelt so groß wie die Stärke 5,0. Die Stärke 6,3 ist zehnmal so hoch wie 5,3 und zwanzigmal stärker als 5,0!

Der Megahops Wahrscheinlich wäre es praktisch sogar machbar, was Ende des letzten Jahrhunderts der amerikanische Physiker David Stone über die folgende geophysikalisch–chinesische Waffe durchgerechnet hat. Hierfür könnte das Kommando über Funk oder Fernsehen erfolgen:

Falls dann 1 Milliarde Chinesen auf Befehl vom Tisch oder wie angenommen, von einer zwei Meter hohen Plattform springen würden, entstünde eine Erdbebenwelle, die rund um die Erde liefe. Wenn sie nun diesen Sprung in Abständen von knapp einer Stunde wiederholen würden, könnten die Chinesen durch Resonanz die Erdbebenwelle so weit aufschaukeln, dass es dadurch rund um die Welt zu Zerstörungen käme.

Durch rhythmisches 'Gegenspringen' könnte der Rest der Welt diese Welle wiederum dämpfen. Sie merken, Körperertüchtigung ist angesagt. Sitzen Sie nicht so faul auf Ihrem Hocker, springen Sie gelegentlich zur Gefahrenabwehr auch mal runter!

Das Szenario grenzt bereits an Hysterie. Die allergrößten Schäden entstünden bei den Chinesen im eigenen Land! Beim ersten Sprung hätte das Beben schon eine Stärke von über 4,5 auf der Richterskala. Da lässt sich natürlich mit etwas Zugabe ordentlich was draus machen? Man kann es aber auch wirklich übertreiben!

Die Beichte Irgendwann muss ich es Ihnen ja gestehen. Die erfundene Liquiditätsfunktion gibt es schon lange. Sie trägt den schrecklichen Namen (Dekadischer) *Logarithmus* oder Zehnerlogarithmus! Die *Hochzahl von Zehn* ist wohl zu einfach?

$$\boxed{10^{L(z)} = z}$$

Aber jetzt einmal ganz ehrlich: Hätten Sie denn beim Wort Logarithmus nicht abgeschaltet oder zumindest etwas furchtbar Schwieriges erwartet?

Viel Lärm um nichts 'Mu<u>si</u>k wird oft nicht schön empfunden, weil <u>sie</u> stets mit Geräusch verbunden.' So lautet ein Kommentar von Wilhelm Busch. Die Betonung bitte so, wie hier durch das Unterstreichen hervorgehoben.

Dabei kannte Busch die heutigen technischen Möglichkeiten noch gar nicht! Manche Jugendliche betreiben eine Verstärkeranlage mit einer Leistung, als wollten sie ihr Zimmer damit heizen. Aber wer möchte nicht wenigstens seinen Eltern ab und zu einmal etwas einheizen?

Als gerade noch hörbar gilt eine Schallintensität der Stärke $I_0 = 10^{-12}$ Watt pro Quadratmeter. Das ist praktisch so gut wie gar nichts. Ein hohes Vielfaches davon wird nun wieder logarithmisch zur Basis 10 gemessen:

Eine 10-fache Intensität hat als Maß 1 Bel(B) oder 10 Dezibel(dB), bei einer 100-fachen Intensität sind es nur 2 B oder 20 dB und weiter so, bei einer 1000-fachen Schallintensität dann 3 B oder 30 dB, ... Man nennt den logarithmischen Vergleichswert der Schallintensität auch den *Schallpegel*.

Zwischen Schallpegel und Liquidität besteht kein prinzipieller Unterschied: Zunahme um 0,3 B oder 3 dB bedeutet eine Verdopplung des Ausgangswertes. Einer Abnahme des Schallpegels um 0,3 B bzw. 3 dB bedeutet umgekehrt eine Halbierung der Schallintensität.

Blicken Sie durch Ein Schallschutzfenster mit einer angepriesenen Verringerung des Lärms um 20 dB beziehungsweise 2 B verspricht, dass der Lärm hinter dem Fenster auf ein Hundertstel reduziert wird, bei 23 dB auf ein Zweihundertstel, bei 26 dB bereits auf ein Vierhundertstel und so weiter.

Gehörschutz ist am Arbeitsplatz ab 85 dB *vorgeschrieben*. Diskotheken überschreiten oft Werte von 100 dB.

Schnarcher erzielen 90 dB. Der Bettnachbar sollte einen Gehörschutz tragen, auch wenn das nicht vorgeschrieben ist. Eine Kettensäge mit bis zu 110 dB leistet bereits hundertmal mehr, ein startender Düsenjäger erzielt 120 dB. Hiermit ist auch die Schmerzgrenze erreicht! Bei der Kommunikation unter Wasser bringen es Blau- und Finnwale auf 190 dB, das Zehnmillionenfache des Düsenjägers.

Den Rekord mit 240 dB halten aber die Pistolenkrebse (*Alpheus armatus*)! Ein kurzer Knall betäubt mit dem verursachten Schalldruck ihre Beutetiere, doch dient die Wildwest-Manier auch der Kommunikation mit Artgenossen. Hiermit irritierten sie zu Beginn des kalten Krieges mit der damaligen Sowjetunion die Sonar-Ortung amerikanischer U-Boote. Deren Besatzung dachte bei dieser Knallerei zunächst an eine russische Geheimwaffe!

Ein wahrer Höllenlärm Wirklich infernalisch ist aber der Lärm beim Start einer Weltraumrakete, denn im Vergleich dazu ist ein Düsenjäger nur ein Kinderspielzeug! Bei beiden ist der Antriebsstrahl schneller als der Schall, was einen ungeheuren Lärm erzeugt. Doch dieser ist bei der Rakete von einer ganz anderen Dimension. Beim Start einer Ariane werden tausende von Litern Wasser pro Sekunde nur zur Dämpfung des Schalles versprüht!

Sollten Sie sich im Freien aufhalten, ist die Druckwelle beim Start noch in einem Kilometer Entfernung tödlich! Vögel werden schon vorher verjagt, sonst fallen sie tot vom Himmel. Die Furcht ist allerdings noch eine andere, eine Beschädigung der Rakete.

Unglaublich gering Nach dem Bisherigen erscheint es beinahe kurios, aber logarithmische Skalen werden auch bei ganz winzigen Mengen benutzt! Enthält zum Beispiel ein Liter Wasser 1 Millionstel $= \frac{1}{10^6} = 10^{-6}$ Gramm einer Substanz, vereinbart man als Skalenwert nicht -6, sondern einfach 6. Man lässt das Minuszeichen weg.

Diese Art von Skala wird bei der Angabe des sogenannten pH-Werts benutzt. Dieser misst die Stärke von Laugen und Säuren. Reines Wasser hat einen pH–Wert von 7. Für Laugen gilt pH > 7, und bei pH < 7 spricht man von Säuren.

Worauf man aber aufpassen muss: Zum Beispiel bedeutet der Skalenwert 4 hundertmal *mehr* (Säure) als der Skalenwert 6:

$$1 \; Zehntausendstel = \frac{1}{10^4} = 10^{-4} \; ist \; 100\text{-}mal \; mehr \; als \; 1 \; Millionstel = \frac{1}{10^6} = 10^{-6}.$$

Winkelzüge bei Fußball und Billard

Das Fußballspiel ist durch und durch britisch, rechnen Sie mal nach: Der 'deutsche Elfmeter' wird zum Beispiel vom '12-Yard Punkt' geschossen! Was soll's, wir sind gerade mitten im Spiel und die spannende Frage lautet:

Wird der Spieler S_1 schießen, oder zum besser postierten Spieler S_2 abgeben? Der Torwart ist nämlich weit herausgelaufen! Aber wir wollen die Position der gegnerischen Spieler hier nicht weiter berücksichtigen und uns ganz auf den *Torschuss* konzentrieren. Um das Tor zu treffen, muss der Spieler einen bestimmten Winkel einhalten. In der Skizze ist er mit β bezeichnet.

Für Spieler S_1 beträgt β aus dieser Position 60°. Doch S_2 steht ja völlig frei!

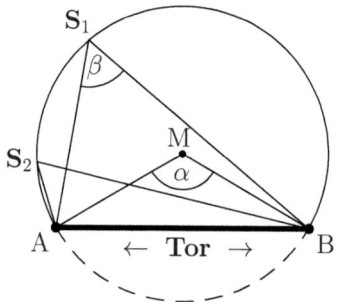

Der Randwinkel Vielleicht haben Sie sich schon gefragt, ob der Spieler S_2 wirklich besser postiert ist? Sicherlich steht er näher am Tor und momentan auch nicht im Abseits, aber:

Unter welchem Winkel trifft S_2 das Tor – ist der Winkel für ihn nicht zu spitz?

Nein! Die Spieler S_1 und S_2 befinden sich auf dem Rand des Kreises über A-B: *Und für alle Randpunkte des Kreises ist dieser 'Randwinkel' gleich groß!* Die Mathematiker bezeichnen das als 'Randwinkelsatz'!

Falls Sie mir nicht glauben und bei Spieler S_2 nachmessen, so wird auch hier die Messung 60° ergeben! Sie sollten bei dieser Gelegenheit auch einmal den *festen* Mittelpunktswinkel α bestimmen. Dieser beträgt nämlich genau 120°. Kein Zufall: Der Randwinkel β ist stets genau halb so groß wie α!

Als Spieler wird man während des Spiels natürlich keine Geometrie betreiben. Aber *Spielsituationen* wie oben sollte man schon kennen!

'**Der Winkel im Halbkreis ist ein rechter**' Diese steife Formulierung des 'Satzes des Thales' finde ich recht skurril, aber einprägsam. Es handelt sich eigentlich nur um einen wichtigen *Sonderfall* unseres Randwinkelsatzes: Lassen wir den gestrichelten Teil des Kreises hinter dem Tor einfach weg! In folgender Spielsituation steht ein Spieler S bereits so nahe vor dem Tor, dass aus dem Randkreis ein Halbkreis geworden ist:

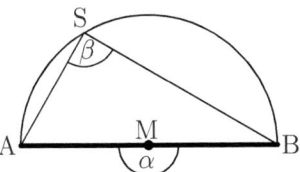

Der Mittelpunktswinkel α beim Halbkreis beträgt 180°, und β folglich 90°! Etwas weniger steif formuliert ist das der vorhin zitierte 'Satz des Thales'.

Der Beweis des Randwinkelsatzes ist wegen der Sonderfälle etwas mühsam. Die Beweisidee speziell für den Satz des Thales ist aber ein echter Hingucker. Denn Sie wissen natürlich: In jedem Dreieck beträgt die Winkelsumme 180°!

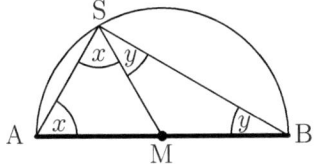

Die Strecken von A nach M und von S nach M sind so lang wie der Radius. Das gleichschenklige Dreieck AMS hat folglich zwei gleich große Winkel x! Ebenso sind die Strecken von B nach M und von S nach M gleich lang! Das gleichschenklige Dreieck BMS besitzt also zwei gleich große Winkel y. Die Winkelsumme im Ausgangsdreieck ASB beträgt: $x + x + y + y = 180°$. Somit folgt $\beta = x + y = 90°$. Was zu beweisen war! Nun wieder zum Spiel:

Der Spieler ist weiter nach vorne gestürmt, α beträgt nun weit mehr als 180°. Dadurch steigt der Einschusswinkel β des Spielers S dann auf über 90°. Trotzdem geht im Eifer des Gefechts gelegentlich der Ball am Tor vorbei. *Gefühlt passiert das fast immer nur bei den Spielern der eigenen Mannschaft!*

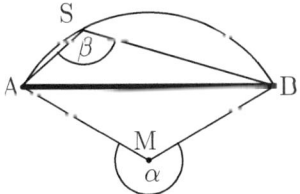

Gib mir die Kugel Wir wechseln die Szene und treffen uns nach dem Spiel zum Pool–Billard im Vereinslokal. Schon Kindern bereitet es großen Spaß, beim 'Klickern' oder Murmelspiel die gegnerischen Kugeln mit der eigenen Murmel wegzustoßen. Später wird daraus das italienische Boccia oder das britische Bowls oder das französische Boule. In der kalten Jahreszeit lässt sich der elastische Stoß beim Curling auf dem Eis beobachten und jederzeit drinnen beim Billardspiel. Gute Spieler verblüffen natürlich mit ihren Effetstößen, doch sollte man grundlegend erst einmal wissen, was ohne solche Raffinessen passiert!

Wir interessieren uns also im Folgenden für 'schräge' Zusammenstöße zweier gleichschwerer Kugeln (denn exakt zentral bliebe die stoßende Kugel liegen). Auch vernachlässigen wir die Reibung, den Drehimpuls und anderes mehr.

Trifft nun eine Kugel mit der Geschwindigkeit v auf eine ruhende, so trennen sich die beiden sofort wieder mit den Geschwindigkeiten v_1 und v_2. Diese haben einen Betrag und eine Richtung. Man spricht deshalb von 'Vektoren'. Für diese gilt hier:

$$v_1 + v_2 = v$$

SMS Eine Folge der *Impulserhaltung*: $m \cdot v = m \cdot v_1 + m \cdot v_2$
Die Division dieser Gleichung durch m ergibt sofort $v = v_1 + v_2$

Eine Skizze hierzu könnte also folgendermaßen aussehen:

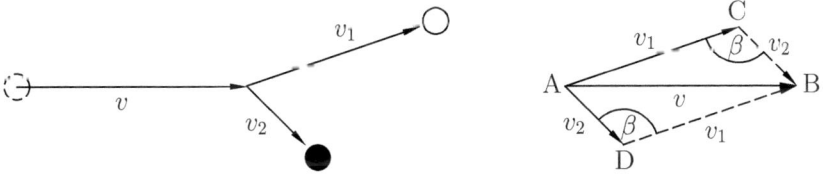

Die Addition zweier beliebiger Vektoren lässt sich durch ein *Parallelogramm* veranschaulichen! Doch das Parallelogramm ist hier noch nicht ganz korrekt. Beim *elastischen* Stoß gilt nämlich zusätzlich auch immer:

$$v_1^2 + v_2^2 = v^2$$

SMS Eine Folge der *Energieerhaltung*: $\frac{m}{2} v^2 = \frac{m}{2} \cdot v_1^2 + \frac{m}{2} \cdot v_2^2$
Die Division dieser Gleichung durch $\frac{m}{2}$ ergibt sofort $v^2 = v_1^2 + v_2^2$

Für die beiden Dreiecke ABC und ABD gilt also zusätzlich der 'Pythagoras'! Das bedeutet aber $\beta = 90°$ - das Parallelogramm muss hier ein *Rechteck* sein:

Korrekt:

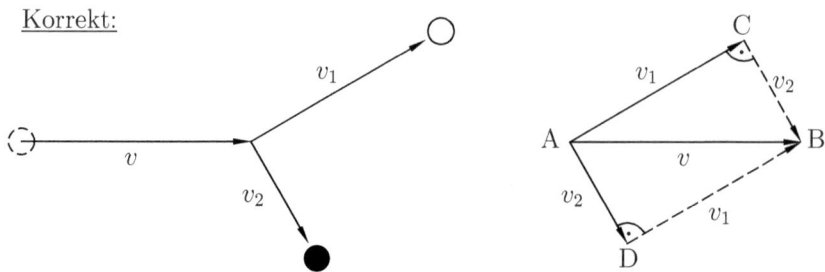

Bemerkenswert: Die beiden Kugeln trennen sich unter einem Winkel von 90°.

Skizzieren wir auch den Thaleskreis des Dreiecks ABC, und entsprechend den Thaleskreis von ABD, so 'rundet' sich das Bild vom elastischen Stoß:

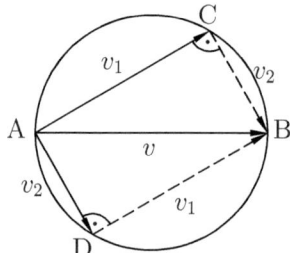

Es ist nur schade, dass man beim Spielen diesen Kreisverkehr nicht sieht. Doch vor unserem geistigen Auge erscheinen Pythagoras und Thales!

Manchmal habe ich beim Billardspielen das Gefühl, als ob mir zwei greise Mathematiker über die Schulter schauen und weise lächeln ...

Verblüffend, wie schön die beiden Klassiker den elastischen Stoß beschreiben!

Ziemlich grenzwertig

Popeye hattte recht Dieser Comic–Held vertilgt den Spinat büchsenweise, um hierdurch Kraft für seine Prügeleien zu erhalten. Das Gemüse galt schon seit langem als Stärkungsmittel und besonders gesunde Babynahrung, vor allem wegen des hohen Eisengehalts! Viele Babies prusteten protestierend zurück, was ihre Ernährer weniger gesund, aber recht lustig aussehen ließ.

Der damalige Wert für den Eisengehalt bezog sich auf die Trockensubstanz! Er wurde fälschlicherweise für das wasserhaltige Frischgemüse übernommen, was eine Verzehnfachung des korrekten Wertes bzw. Versetzung des Kommas um eine Stelle nach rechts verursachte. Der tatsächliche Gehalt an Eisen liegt mit zirka 2 mg pro 100 g nicht höher als bei Grünkohl oder Möhren. Selbst bei Kartoffeln sind es noch 1 mg und bei den vielgeschmähten dicken Bohnen sogar 6 mg.

Neuerdings wird dem Spinat aber eine effizienzsteigernde Wirkung auf die Muskelfunktion zugeschrieben! Außerdem ist an den neuen, oxalsäurearmen Spinatsorten auch geschmacklich nichts mehr auszusetzen. Daher haben die meisten Babies ihren Widerstand inzwischen verständnisvoll aufgegeben.

Spielen kann man trotzdem Die kleine Ilka hat eine ganz besondere Art, den leuchtend grünen Spinat auf ihrem Teller zu essen: So, als ob sie sich zwingen müsste, vertilgt sie zunächst nur die eine Hälfte des Gemüses, um kurz danach wiederum nur die Hälfte des verbliebenen Spinats zu essen. Und das geht so weiter und weiter ... Dieser Vorgang sieht ungefähr so aus:

Rest $\frac{1}{2}$ Rest $\frac{1}{4}$ Rest $\frac{1}{8}$ Rest $\frac{1}{16}$ Rest $\frac{1}{32}$ usw.

$$\frac{1}{2} \qquad \frac{1}{2}+\frac{1}{4} \qquad \frac{1}{2}+\frac{1}{4}+\frac{1}{8} \qquad \frac{1}{2}+\frac{1}{4}+\frac{1}{8}+\frac{1}{16} \qquad \frac{1}{2}+\frac{1}{4}+\frac{1}{8}+\frac{1}{16}+\frac{1}{32}$$

Irgendwann werden sich ihre Eltern das Spiel nicht länger ansehen wollen. Aber sie sollten mit ihr zufrieden sein, denn Ilka verputzt allmählich den gesamten Spinat: Immer wieder die Hälfte des Restes macht zusammen:

$$\frac{1}{2} + \frac{1}{4} + \frac{1}{8} + \frac{1}{16} + \frac{1}{32} + \ldots = 1$$

Die Punkte sollen andeuten: Wenn sie so weiter macht, kommt sie der Zahl 1 beliebig nahe, beziehungsweise der nicht vertilgte Rest wird beliebig klein. Schreiben wir $(\frac{1}{2})^2$ anstelle von $\frac{1}{4}$, entsprechend $(\frac{1}{2})^3$ anstelle $\frac{1}{8}$, und so weiter, so sieht das Ergebnis richtig mathematisch, aber auch sehr einprägsam aus:

$$\left(\frac{1}{2}\right)^1 + \left(\frac{1}{2}\right)^2 + \left(\frac{1}{2}\right)^3 + \left(\frac{1}{2}\right)^4 + \left(\frac{1}{2}\right)^5 + \ldots = 1$$

Natürlich bedeutet $(\frac{1}{2})^1$ dasselbe wie $\frac{1}{2}$, verdeutlicht aber noch besser die vorliegende Gesetzmäßigkeit. Denken Sie bei solchen respekteinflößenden Ausdrücken einfach wieder an den Spinatteller von Ilka oder an ähnliche Bilder.

Fehlt da nicht etwas? Sicher kennen Sie die Schreibweise für periodische Wiederholungen einer Ziffernfolge. Beispielsweise gilt:

$$\frac{1}{7} = 0,142857\,142857\,142857\,142857\ldots = 0,\overline{142857}$$

Was halten Sie nun von folgender Behauptung:

$$1 = 0,\overline{9}$$

oder wieder in gewohnter Form geschrieben

$$1 = 0,9999999999999\ldots ?$$

Sie hegen noch gewisse Zweifel? Da fehlt noch was, das ist nicht ganz richtig? Ich bin ganz sicher, dass Sie zumindest folgender Gleichung zustimmen:

$$\frac{1}{3} = 0,3333333333333\ldots$$

Nun multiplizieren Sie beide Seiten dieser Gleichung mit 3, und siehe da: Sie erhalten die vorige, vielleicht gerade noch angezweifelte Beziehung. So schnell kann's gehen! Und da $\frac{1}{3}$ geteilt durch 3 bekanntlich $\frac{1}{9}$ ergibt, erhalten wir durch Division der Gleichung durch 3 für spätere Zwecke noch

$$\frac{1}{9} = 0,1111111111111\ldots$$

Dieses Ergebnis erzielen Sie auch durch schriftliche Division von 1 durch 9. Aber wer kann heutzutage noch so etwas?

Wieder so eine Summe Sie erinnern sich aber hoffentlich noch daran, dass die Dezimalbruchschreibweise nur eine Abkürzung für eine Summe ist. So bedeutet $0,1111\ldots = \frac{1}{9}$ nichts weiter als:

$$\frac{1}{10} + \frac{1}{100} + \frac{1}{1000} + \frac{1}{10000} + \frac{1}{100000} + \ldots = \frac{1}{9}$$

Mit der üblichen Schreibweise für Potenzen heißt das:

$$(*) \qquad \left(\frac{1}{10}\right)^1 + \left(\frac{1}{10}\right)^2 + \left(\frac{1}{10}\right)^3 + \left(\frac{1}{10}\right)^4 + \left(\frac{1}{10}\right)^5 + \ldots = \frac{1}{9}$$

Hase und Igel auf griechisch In dem Märchen verliert ein eingebildeter Hase den Wettlauf mit einem Igel durch Verwechslung mit dessen Frau. Noch wesentlich älter und raffinierter hingegen ist das berühmte Paradoxon des Zenon von Elea (490–430 v.Chr.). In dieser Geschichte lässt er den schnellen Achilles mit einer Schildkröte um die Wette laufen. Zu Beginn des Rennens gibt er der Schildkröte einen Vorsprung und argumentiert, Achilles könne die Schildkröte nun nicht mehr einholen:

Die Niederlage Der Startschuss fällt und Achilles gelingt es, den Vorsprung der Kröte einzuholen. Doch diese bleibt ja auch nicht untätig und hat sich in der Zwischenzeit schon wieder einen Vorsprung verschafft! Achilles lässt nicht locker und holt auch diesen Vorsprung ein. Aber die Schildkröte hat sich natürlich wieder einen neuen Vorsprung erarbeitet, dem Achilles hinterherrennen muss . . . , bis er mit hängender Zunge aufgibt!

Wo steckt der Fehler? Diskutieren wir ein konkretes Zahlenbeispiel. Um einfach rechnen zu können, läuft Achilles mit 10 Metern pro Sekunde. Und unsere Schildkröte, ebenfalls olympiaverdächtig, 1 Meter pro Sekunde. Wir geben der Schildkröte einen Vorsprung von 10 Metern:

Um den ersten Vorsprung einzuholen, benötigt Achilles genau 1 Sekunde. In diesem Zeitraum ist die Schildkröte schon wieder einen Meter weiter. Da Achilles zehnmal schneller läuft, benötigt er hierfür nur $\frac{1}{10}$ Sekunde. Für den darauf folgenden Vorsprung sind es entspechend noch $\frac{1}{100}$ Sekunde, dann noch $\frac{1}{1000}$ Sekunde, ... Nun gilt aber: $\frac{1}{100} = \left(\frac{1}{10}\right)^2$, $\frac{1}{1000} = \left(\frac{1}{10}\right)^3$, usw.

Summa summarum erhalten wir, wenn Sie die vorige Gleichung (∗) beachten:

$$1 + \left(\tfrac{1}{10}\right)^1 + \left(\tfrac{1}{10}\right)^2 + \left(\tfrac{1}{10}\right)^3 + \left(\tfrac{1}{10}\right)^4 + \left(\tfrac{1}{10}\right)^5 + \ldots = 1 + \tfrac{1}{9} = \tfrac{10}{9}$$

In $1{,}111\ldots = \frac{10}{9}$ s (Sekunden) hat Achilles die Schildkröte eingeholt. Die gedankliche Summation sämtlicher Zeitabschitte ergibt: Achill erreicht die Schildkröte endgültig nach $\frac{10}{9}$ Sekunden!

Teile und verblüffe Zenon hat also einen *endlichen* Zeitabschnitt in *unendlich viele* Abschnitte unterteilt und gaukelt hiermit vor, Achilles müsse nun ewig rennen, um die die wesentlich langsamere Schildkröte einzuholen!

Wenn er diese Abschnitte nicht mehr zusammensetzen kann oder möchte, ist das sein Problem, sollte man meinen? Doch hätten die alten Griechen diese Hürde schon damals geschafft, wäre die Mathematik vielleicht heute bereits 2000 Jahre weiter. Glücklicherweise nicht, denken Sie heimlich . . . ?

Weil die bisherigen Ausführungen Sie schon genug strapaziert haben!

Spannseil und Meerblick

Hinter'm Horizont geht's weiter ..., Bleibt nur die Frage: Wie weit ist es eigentlich bis zum Horizont? Zuerst mal etwas Interessantes zum Warmlaufen:

Das Spannseilparadox Vielleicht haben Sie schon einmal waghalsige Seiltänzer oder Motorradfahrer auf einem in der Höhe gespannten Seil gesehen. Bei einer Seil– oder Kabinenbahn ist der Effekt fast genauso gut erkennbar. Das Seil hängt in der Mitte durch, es ist ein wenig länger, vielleicht auch durch die Belastung! Rechnen wir zwei Beispiele durch. Erstaunlicherweise ist der Satz des Pythagoras $a^2 + b^2 = c^2$ durchaus für Überraschungen gut.

1. Ohne diesen alten Herrn zu kennen, beginnt die Spinne Thekla (T) wieder meisterhaft ein Netz zu knüpfen, siehe Skizze. Der Abstand zwischen A und B betrage z.B. 1 Meter, ihr Faden ist aber 50 cm länger! Die gesamte Fadenlänge beträgt also 1,50 m. Wie tief hängt sie nun in der Mitte durch?

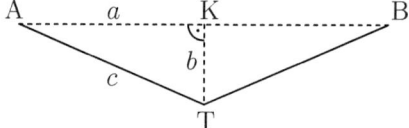

Im Dreieck AKT beträgt alles nur die Hälfte: $a = 0{,}50$ m, $c = 0{,}75$ m. Nennen wir die Strecke $\overline{KT}$ abkürzend b, ebenfalls gemessen in Metern. Mit dem guten alten Satz des Pythagoras folgt nun leicht für $\overline{KT}$ bzw. b:

$$\boxed{\begin{array}{l} \textbf{SMS} \quad 0{,}50^2 + b^2 = 0{,}75^2 \quad \text{oder} \quad b^2 = 0{,}75^2 - 0{,}50^2, \quad \text{somit:} \\ \qquad\qquad \overline{KT} = \sqrt{0{,}75^2 - 0{,}50^2} = 0{,}56 \end{array}}$$

Ergebnis: Das Seil hängt in der Mitte rund **0,56 m** durch!

2. Nun spannt eine Artistentruppe ein Hochseil. Die Strecke zwischen den Aufhängepunkten A und B beträgt jetzt sensationelle *einhundert Meter*! Nehmen wir nun an, durch das Gewicht von Artist und Motorrad dehnt sich das lange Seil um einen halben Meter, wird also wieder 50 cm länger. Um wieviel hängt es jetzt in der Mitte durch? Bitte schätzen Sie zunächst!

In der vorigen Rechnung müssen wir nur die Zahlen entsprechend ändern. Das gedehnte Seil ist 100,5 m lang, die Hälfte davon ergibt $c = 50{,}25$ m. Entsprechend ist $a = 50$ m. Das ergibt:

$$\boxed{\textbf{SMS} \qquad \overline{KT} = \sqrt{50{,}25^2 - 50^2} = 5{,}006}$$

Ergebnis: Das Seil hängt in der Mitte **5,0 m** durch!

Das Umwegparadox In einer Wüste sind drei Forschungslager A, B, T. Ein Forscher überlegt, ob er auf seinem Weg von A nach B einen Umweg über das neue Transitlager T einplanen könnte.

Im Fall (1) beträgt die Entfernung $\overline{AB}$ = 10 km, im Fall (2) hingegen $\overline{AB}$ = 1000 km. Das ist hier natürlich nicht maßstabsgerecht wiedergegeben. In beiden Fällen gilt $\overline{KT}$ bzw. $b = 5$ km.

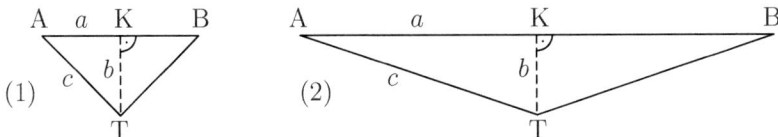

Um wie viel wird der Weg über T länger? Die Lösung liefert uns natürlich wieder der alte Pythagoras. Im ersten Fall mit $\overline{AB}$ = 10 km erhalten wir: Der Weg über T nach B wird um **4,142 km** länger!

Und nun überdenken Sie erst einmal den zweiten Fall mit $\overline{AB}$ = 1000 km, bevor Sie eine Wüstenralley planen! Beachten Sie bei diesem Problem nur den kleinen Unterschied zum vorigen:

Nicht die Verlängerung sondern die Durchhängung KT ist fest vorgegeben!

Wir wissen aber vom Spannseilparadox: Im zweiten Fall wird eine *geringere* Verlängerung ausreichen, um die *gleiche* Durchhängung zu verursachen!

Tatsächlich ergibt die Rechnung eine Verlängerung des Weges von 0,050 km, also nur schlappe **50 m**. Das lässt sich kaum noch als Umweg bezeichnen!

Meeresblick Die folgende Situation ist wohl jedem von uns vertraut. Hier ist das Spannseil– oder Verlängerungsparadox zumindest beim zweiten Blick leicht zu erkennen. Im flachen Gelände und erst recht am Meer reicht der Blick 'bis zum Horizont', womit wir endlich zum eingangs erwähnten Problem kommen! Besonders weit lässt es sich von einem Aussichtsturm blicken oder von einem Berg wie dem Schauinsland im Schwarzwald.

Doch im Prinzip kommt es nur darauf an, dass Ihre Augen etwas oberhalb der Umgebung liegen, und dazu genügt schon Ihre natürliche Körpergröße! Wie weit ist es nun eigentlich 'bis zum Horizont'?

Die Trennlinie zwischen Himmel und Erde sieht man am besten am Meer. In der Seefahrt auch 'die Kimm' genannt, spielt sie dort eine wichtige Rolle. Die momentane Augenhöhe der Urlauberin Tanja T über Meereshöhe sei h:

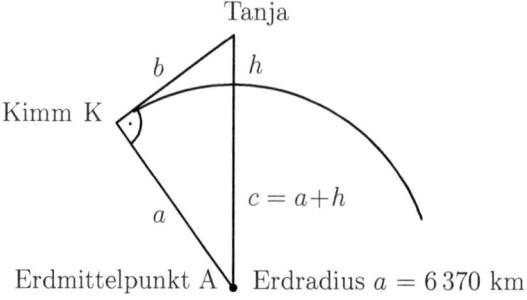

Erkennen Sie hier bereits das Spannseil– bzw. Verlängerungsparadox?
Drehen wir das Ganze um den Punkt A mit etwas mehr als 90° nach rechts:

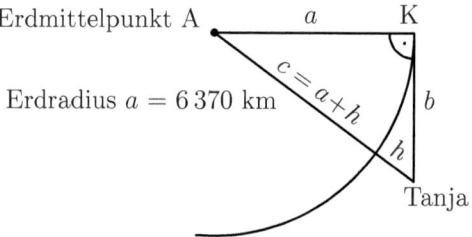

Nun steht Tanja etwas über Kopf, aber zum Glück fällt sie nicht herunter.
Ihre Höhe h verlängert den Erdradius a. 'Sie hängt um die Strecke $\overline{KT}$ durch'!

$\overline{KT} = b$ ist die Sichtweite bis zum Horizont.

Die Sichtweite b lässt sich natürlich 'mit Pythagoras' leicht ausrechnen:

> **SMS** $a^2 + b^2 = (a+h)^2 = a^2 + 2 \cdot a \cdot h + h^2$. Subtraktion von a^2:
> $b^2 = 2 \cdot a \cdot h + h^2 = h \cdot (2 \cdot a + h)$, Ergebnis: $b = \sqrt{h \cdot (2 \cdot a + h)}$.

Tanjas Augenhöhe betrage 1,63 m, womit wir **4 557 m** erhalten. Die 'Durch-hängung' $b = \overline{KT}$ ist hier so groß, weil der Erdradius $a = \overline{AK}$ so groß ist!
Die Schifffahrt berücksichtigt noch die Lichtbrechung in der Atmosphäre, wodurch der Lichtstrahl leicht in Richtung Erde gekrümmt wird. Das erhöht die Sichtweite nämlich um zirka 10 %. Schon sind wir bei **5 km** Sichtweite!

Der Ausguck auf dem hohen Mast eines Schiffes erhöht die Sichtweite enorm. Und auf einem 100 Meter hohen Aussichtsturm beträgt die Sichtweite für Tanja bereits 40 Kilometer, in alle Richtungen natürlich!

Im Namen der Seerose Kann uns noch irgend jemand herausfordern? Natürlich die Chinesen! Die folgende Aufgabe stammt aus dem 2000 Jahre alten Lehrwerk 'Neun Bücher arithmetischer Technik'. Sinngemäß übersetzt:

Eine Seerose wächst am Grunde A eines Sees und ihre wunderschöne Blüte S schwimmt auf der Oberfläche. Nach oben gezogen ragt die Blüte an der höchsten Stelle um 0,25 m aus dem Wasser. Zieht man sie zur Seite, bis sie an der Stelle T im Wasser liegt, dann ist sie 1,25 m von der Stelle entfernt, wo der Stiel vorher durch die Wasseroberfläche kam. *Wie tief ist das Wasser?*

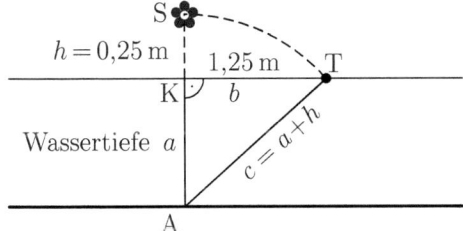

Diesmal soll also die Wassertiefe a (halbe 'Seillänge') ausgerechnet werden! Um 90 Grad um A nach rechts gedreht erhielten wir das gewohnte Bild, mit $b = \overline{KT}$ als Durchhängung! Bleiben wir diesmal bei obiger Skizze.

Sie liefert wohl die anschaulichste Erklärung des Spannseilparadoxons!

Wir vergrößern bei konstanter Verlängerung h die Tiefe a (vgl. oben):
Der Radius vergrößert sich und der Kreisbogen verläuft offensichtlich *flacher*!
Die 'Durchhängung' $\overline{KT} = b$ von bisher 1,25 m wird dadurch immer größer!
Und schon ist alles gar nicht mehr so paradox:

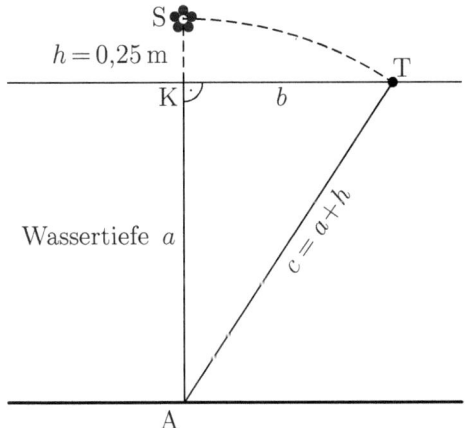

Des Pudels Kern Ist Ihnen die Besonderheit der hier diskutierten rechtwinkligen Dreiecke schon aufgefallen? Die Hypotenuse c war immer nur ein wenig länger als die Kathete a. Die Länge der *resultierenden* Kathete b hängt allerdings unerwartet stark von der Ausgangslänge a ab:

Je größer a, um so länger ist die Kathete b, bei konstanter Verlängerung h!

Bei allen Aufgabenstellungen waren zwei der drei Größen a, b, h bekannt! Die fehlende Größe lässt sich wegen $c = a + h$ mit dem Satz des Pythagoras $a^2 + b^2 = c^2$ bestimmen.

Ach ja, die Wassertiefe a der Aufgabe aus dem alten chinesischen Lehrbuch? Dieser Wert ist schnell ermittelt:

SMS $a^2 + 1{,}25^2 = (a+h)^2 = a^2 + 2\,h \cdot a + h^2$. Nach Subtraktion von a^2: $1{,}25^2 = 2\,h \cdot a + h^2 = 2 \cdot 0{,}25 \cdot a + 0{,}25^2$. Somit: $1{,}5625 = 0{,}5 \cdot a + 0{,}0625$. Das vereinfacht sich zu: $1{,}5 = 0{,}5 \cdot a$ oder $3 = a$

Ergebnis: Die Wassertiefe a beträgt **3,00 m**.

Mit den besten Grüßen eines unbekannten 'Pythagoras aus China'!

Flotter Dreier

Ähnliche Verhältnisse Sicherlich haben Sie schon einmal ein Foto oder irgendeine Skizze verkleinert oder vergrößert! Zum Beispiel stehen die linke und die rechte Figur im Maßstabsverhältnis '3 : 4', gesprochen als '3 zu 4':

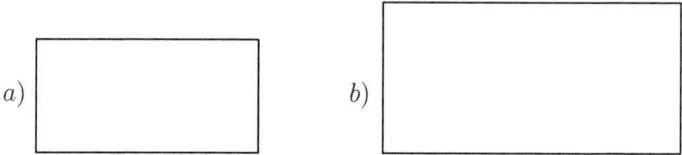

Beträgt ein Abstand zwischen zwei Punkten der linken Figur 3 cm, so sind es bei den entsprechenden Punkten rechts 4 cm. Und sind es links 3 mm, dann rechts eben 4 mm. Die Längeneinheit dürfte auch Inch sein oder Fuß, oder wie auch immer. Ein Maßstabsverhältnis $a : b = 3 : 4$ bedeutet also: 3 Längeneinheiten (LE) links entsprechen 4 Längeneinheiten rechts, und umgekehrt. Figuren, die sich nur im Maßstab unterscheiden, nennt man bekanntlich ähnlich!

Flächenvergleich Die Verhältniszahlen müssen aber nicht ganzzahlig sein, und es dürfen auch mehr als zwei Figuren sein. Um konkret zu bleiben, zeichnen wir im Folgenden jeweils drei ähnliche Figuren, immer im Verhältnis

$$a : b : c = 1,2 : 1,6 : 2,0$$

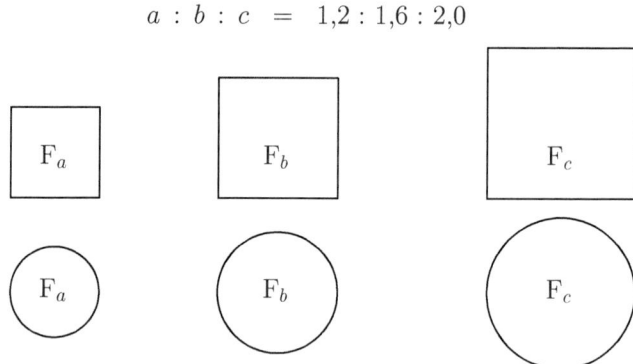

Mit F_a, F_b und F_c bezeichnen wir die *Flächen* dieser drei Figuren. Und nun das Besondere am obigen Zahlentripel a, b, c! Für die drei Flächen gilt immer:

$$\mathbf{F}_a + \mathbf{F}_b = \mathbf{F}_c$$

Das sieht etwas streng mathematisch aus! Zeichnen war noch nie meine Stärke.

Hauptsache Sie wissen, was damit gemeint ist. Vielleicht zeichnen Sie selber etwas Schöneres. Als letztes 'Meisterstück' biete ich Ihnen an:

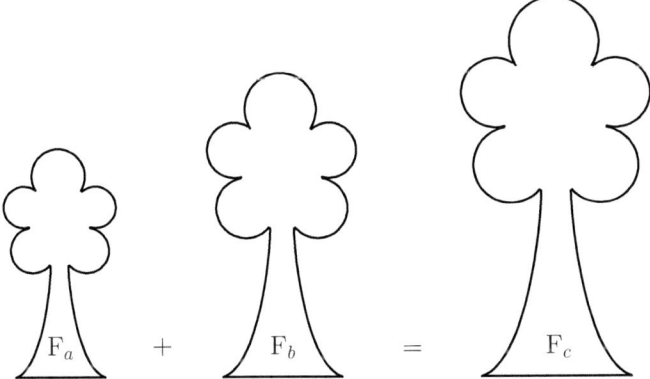

Wie wäre es mit einem passenden Spruch dazu:

$$\text{„ } a\text{-}Horn \; + \; b\text{-}Horn \; = \; c\text{-}Horn.\text{“}$$

Man kann seinen Spaß damit treiben. Aber warum gilt eigentlich

$$F_a + F_b = F_c?$$

Welcher Spruch passt denn für die vorige Skizze mit den drei Quadraten?

Der Klassiker $a\text{-}Quadrat + b\text{-}Quadrat = c\text{-}Quadrat.$

Nun ahnen Sie wahrscheinlich, was in Wirklichkeit dahintersteckt? Es liegt an der passenden *Zahlenkombination* $a = 1{,}2$ und $b = 1{,}6$ mit $c = 2{,}0$. Diese Kombination bildet nämlich einen 'flotten Dreier', genauer gesagt die drei Seiten eines *rechtwinkligen Dreiecks*:

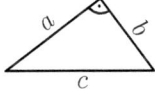

$$a^2 + b^2 = c^2$$

gilt genau dann, wenn die Seiten a, b, c ein rechtwinkliges Dreieck bilden.

Prüfen wir nach: $a^2 + b^2 = 1{,}2^2 + 1{,}6^2 = 1{,}44 + 2{,}56 = 4$ und $c^2 = 2^2 = 4$.

Man bezeichnet das als 'Satz des Pythagoras'. Die zeichnerische Darstellung weckt sicherlich Erinnerungen aus dem Schulunterricht:

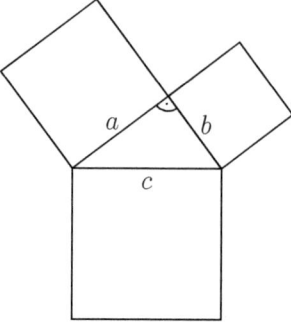

Das gilt nicht nur für Quadarate, sondern *allgemein*(!) für ähnliche Figuren:

Seien F_a, F_b, F_c die Flächen dreier ähnlicher Figuren im Maßstab $a : b : c$.

$$F_a + F_b = F_c$$

gilt genau dann, wenn die Seiten a, b, c ein rechtwinkliges Dreieck bilden!

Dieser 'rundum erneuerte' Pythagoras ermöglicht ganz ungewohnte Skizzen:

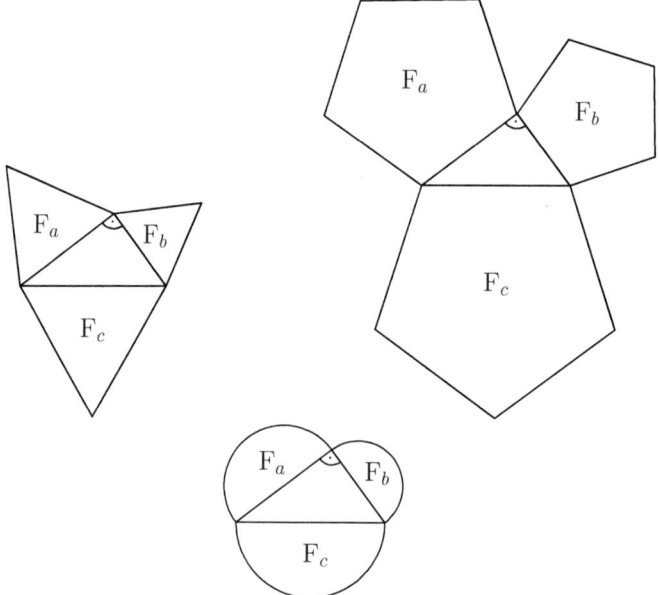

Soviel Spaß muss sein Ganz egal ob Quadrat, Dreieck, Kreis oder Baum, für die Wahl der Ausgangsfigur gilt tatsächlich die große Freiheit! Das ist ein wunderbarer Anlass, mit etwas Phantasie 'im Pythagoras herumzumalen':

Irgendwie erinnert mich meine Skizze auch an die riesigen Affenbrotbäume aus dem Märchen 'Der kleine Prinz' von Saint–Exupéry. Besonders schön als Grundmotiv finde ich dort den Hut, der aber in Wirklichkeit eine Schlange darstellt, die einen Elefanten verdaut.

Das ist auch nur eine Frage des Maßstabs und natürlich der Phantasie!

SMS Zerlegen wir die Figur durch ein Gitternetz in winzige Quadrate. Im Maßstab $a : b : c$ haben F_a, F_b, F_c dieselbe Anzahl n von Quadraten q_a, q_b, q_c: $q_a + q_b = q_c$ gilt genau dann wenn a, b, c ein rechtwinkliges Dreieck bilden. Gilt auch für die Gesamtheit der Quadrate und $n \to \infty$, das heißt: $F_a + F_b = F_c \iff a, b, c$ bilden ein rechtwinkliges Dreieck.

BEIM ZEUS, PHANTASTISCH!
a MEISE + b MEISE = c MEISE!!

Kalendergeschichten

Die Grußkarte Mein Freund Benedikt ist ein geborener Emsländer und als solcher sehr tugendhaft. Erwähnen möchte ich nur seine Sparsamkeit, die jedem Schwaben zur Ehre gereichen würde. Als er zum Jahreswechsel 1999/2000 aus beruflichen Gründen nach Schottland reiste, war er über die dortigen Preise entsetzt. Eine Legende werden seine Neujahrsgrüße bleiben: *Ich wünsche Dir einen guten Rutsch ins Neue Jahr 2000, 2001, 2002, ...* die Grüße endeten mit 2097 - weitere sind in diesem Leben nicht zu erwarten!

Doch hier beginnt die Geschichte mit jenem Kalender, den ich ihm zum Jahrtausendwechsel geschenkt hatte. Ein wirkliches Prachtexemplar mit großformatigen Landschaftsaufnahmen. Ich wusste ja, dass er so etwas liebt, denn es erspart mindestens ein Bild an der Wand.

Benedikts Problem Jeden zweiten Dienstag im Monat fährt Benedikt, oft auch Benni oder Big Ben genannt, ins Emsland zum Doppelkopfspielen. Er markiert diese für ihn wichtigen Termine gerne im Kalender. Nach seiner Rückkehr vom schottischen Hochland bedankte er sich mit einer Flasche Whiskey, natürlich hier erworben. In Schottland wäre sie teurer gewesen!

Nach dem dritten Glas Whiskey eröffnete er mir mit einem traurigen Blick, dass er doch schon in achtundzwanzig Jahren in Rente gehen würde und *endlich anfangen* müsse zu sparen! Ließe sich denn ein so schöner Kalender wie der meinige nicht wiederverwenden? Das Wichtigste sei doch die richtige Zuordnung von *Wochentag und Datum*, und diese Zuordnung könne sich doch *irgendwann* wiederholen!

Die 14 Bausteine Bei dieser Problematik brauchte es noch einen Whiskey, dann holten wir tief Luft. Natürlich fühlte ich mich auch etwas geschmeichelt! So ganz unrecht hatte er doch gar nicht, oder? Und geschickt reizte er den Mathematiker in mir. Aber ich war bereits etwas angeschlagen. Da wird aus „Hier spricht der Fachmann" schnell ein: „Hier lallt der Flachmann".

Zum Glück erwartete er von mir keine prompte Antwort, und wahrscheinlich hätte er in seinem Zustand sowieso nichts damit anfangen können. Ich versprach ihm schulterklopfend, das Problem bis zum Ende des Jahrtausends zu lösen, und an mehr kann ich mich bei bestem Willen auch nicht erinnern.

Fangen wir doch ganz nüchtern wieder an: Wie viele verschiedene Kalender, sprich Zuordnungen von Datum und Wochentag, sind überhaupt möglich?

Der 1. Januar eines Jahres ist entweder ein Montag, Dienstag, ... , Sonntag, das sind also nur 7 Möglichkeiten! Und das gilt für die normalen Jahre, aber auch für die Schaltjahre, insgesamt 14 Möglichkeiten. So weit, so gut! Dieses Ergebnis beruhigte mich doch etwas, denn es war mir irgendwie klar, dass ich es sein würde, der ihm die vierzehn verschiedenen Kalender schenkt.

Aber wann konnte er seinen schönen Jahrtausendkalender wiederverwenden? Ich beschloss, ganz von vorne anzufangen, um vielleicht auch ein bisschen mehr heraus zu bekommen.

Resteverwertung Ist Ihnen schon aufgefallen, dass ein 365 - Tage - Jahr mit dem gleichen Wochentag aufhört(Silvester), mit dem es angefangen hat:

Wäre der 1. Tag im Jahr ein Montag, dann auch eine Woche später der 8. Tag. Dann wieder der 15. Tag, der 22. Tag, usw. Mathematisch begründet: Weil 8 nach Teilen durch 7 den Rest 1 lässt, genau wie 15, 22, 29, 36, 43 usw. Das gilt auch für 365. Bekanntlich ist ein 365 - Tage - Jahr genau 52 Wochen lang, plus 1 Tag: $365 = 52 \cdot 7 + 1$. Das bedeutet praktisch:

Der Wochentag zu Neujahr ist derselbe wie anschließend der zu Silvester! Und gleich dem Wochentag von Heilig Abend, denn der liegt genau eine Woche vor Silvester! Entscheidend für unsere Überlegungen ist aber nur:

Kennen Sie den Wochentag von Neujahr bzw. von Silvester, müssen Sie nur **1** Tag weiter zählen und erhalten den Wochentag des kommenden 1. Januar.

Bei einem Schaltjahr kommt ein Tag dazu: Silvester liegt in diesem Fall einen Wochentag später als Neujahr! Ausgehend von Neujahr müssen Sie für den kommenden Jahresbeginn also **2** Tage weiter zählen.

Momo und Didi Nach diesen einfachen Überlegungen ging ich zu Benni und fröhlich rechneten wir drauf los! Der Kalender von 2001 beginnt/endet mit einem *Montag*. Wir nannten nun einen solchen Kalender einfach *MoMo*! Entsprechen hieß 2002 dann *DiDi*, und immer fröhlicher werdend, wurde 2003 zu *MiMi*. Wir wagten sogar einen Sprung zu *2012*. Dieses Schaltjahr beginnt mit einem Sonntag und endet mit Montag. Schon hieß der Kalender *SoMo*. Bald fingen wir an, nach einem *SoSo* zu suchen, einem *MoDi* oder einem *MiDo*. Es folgten weitere Albernheiten, die ich nicht erwähnen möchte, denn wir kicherten bereits über fehlende *SaDo* und *MaSo* Kalender! Wir vertagten uns. Doch Benedikts Problem ließ mich nicht los!

Die Lösung Notieren wir den *Jahresbeginn* der Kalender systematisch:

2001	2002	2003	*2004*	2005	2006	2007	*2008*	2009	2010	2011	*2012*	2013
Mo	Di	Mi	*Do*	Sa	So	**Mo**	*Di*	Do	Fr	Sa	*So*	Di

Man beachte den 2er-Sprung nach(!) den Schaltjahren. Wir lesen einfach ab: Der Kalender 2001 ist auch 6 Jahre später für 2007 wieder zu gebrauchen! Dann ist der Anfang um $6 + 1 = 7$ Tage, also genau eine Woche weiter gerückt, von Montag wieder auf Montag. *Früher als nach 6 Jahren geht nicht!*

Nach 5 Jahren wird aus einem Schaltjahr ein Nichtschaltjahr, dann passen die Kalender nicht zusammen, Beispiel *2004* und 2009, oder *2008* und 2013. Falls wir aber mit einem Normaljahr beginnen, kommen nach 5 Jahren immer nur $5 + 1 = 6$ Tage hinzu, Beispiel 2002 – 2007, oder 2003 – *2008*.

Was kann also nach mindestens 6 Jahren noch so alles passieren?

Im Gegensatz zu 2001 ist der Kalender 2002 nach 6 Jahren nicht nutzbar, denn *2008* ist ja ein Schaltjahr. Aber der Kalender 2002 gilt zumindest 11 Jahre später wieder für das Jahr 2013. Aber weitere 11 Jahre später ist er wiederum nicht zu gebrauchen, denn *2024* ist ein Schaltjahr!

Ganz schön vertrackt, so regelmäßig scheint das alles gar nicht zu sein! Aber:

Gibt es auch ein einfaches allgemeines Ergebnis? Antwort: Ja!

Besonders leicht zu rechnen sind Abstände von **4 Jahren**, denn sie umfassen immer genau 3 Sprünge um 1 Tag und einen 2er-Sprung. Das verschiebt den Jahresanfang um $3 + 2 = 5$ Tage nach vorn. Ein ganz nützlicher Trick: Statt **5** Wochentage nach vorn zu zählen, kann man auch 2 Tage zurückgehen:

2001	2005	2009	2013	2017	2021	2025	2029	2033	2037
Mo	Sa	Do	Di	So	Fr	Mi	**Mo**	Sa	Do

Der Kalender 2001 lässt sich demnach auch nach 28 Jahren wiederverwenden!

Das ist aber ganz logisch: Nach $7 \cdot 4$ Jahren rückt der Jahresanfang immer um $7 \cdot 5 = 35$ Wochentage weiter, und das sind ja 5 ganze(!) Wochen. Somit haben wir folgendes allgemeines Ergebnis:

Spätestens nach 28 Jahren ist jeder Kalender wieder zu gebrauchen!

Das gilt selbstverständlich auch für Benedikts wunderschönen Kalender *2000*!

Wer noch Zweifel daran hat, überprüfe die folgende Tabelle für den Jahresbeginn dieser Schaltjahre:

2000	*2004*	*2008*	*2012*	*2016*	*2020*	*2024*	*2028*	*2032*	*2036*
Sa	*Do*	*Di*	*So*	*Fr*	*Mi*	*Mo*	**Sa**	*Do*	*Di*

Weniger als 28 Jahre geht nicht, für Schaltjahre dauert es <u>immer</u> 28 Jahre!

Das bedeutet nun leider auch:

Meinen Kalender 2000 kann Benedikt *erst* wieder nach 28 Jahren benutzen.

Zufällig geht er dann auch in Rente und wird bestimmt noch viel sparsamer.

Was mich allein der *Kalender 2000* gekostet hat! Immer 28 Jahre warten, dafür war er aber wirklich zu teuer! Ich habe schon einen Ausweg gefunden: Benedikt bekommt von mir einen neuen Kalender immer erst im Januar.

Dann kosten Kalender nur noch die Hälfte!

P.S.: Das ging doch ganz gut ohne eine SMS? Wer es mathematischer mag: An welchem Wochentag ist eigentlich Silvester? Hier eine 'Silvesterformel'.

SMS Wochentag für Silvester im Jahr 20??: $S = [\,?? + \lfloor ?? \rfloor_4\,]_7$. Hierbei ist $[??]_7$ Rest nach Teilen durch 7, $\lfloor ?? \rfloor_4$ ganzzahliger Anteil nach Teilen durch 4.

Ergebnis S: $0 = $ So, $1 = $ Mo, $2 = $ Di, $3 = $ Mi, $4 = $ Do, $5 = $ Fr, $6 = $ Sa. Beispiel: Silvester im Jahr 2023: $[23 + \lfloor 23 \rfloor_4]_7 = [23 + 5]_7 = [28]_7 = 0$, also ein Sonntag.

Die freitragende Treppe von Babylon

Bierdeckelspiele Haben Sie schon einmal aus Langeweile beim Warten auf ein Getränk oder eine Pizza mit einem großen Stapel Bierdeckel gespielt? Zur Not holt man sich welche vom Nachbartisch – wenn das so lange dauert!

Meistens baut man eine Reihe von dreieckigen Häusern, obenauf wiederum so eine Reihe und so weiter. Natürlich lässt der übertriebene Ehrgeiz diesen Turmbau zu Babel irgendwann einstürzen. Glücklicherweise führt das nur zum Verlust einiger Bierdeckel, aber zu keiner weiteren Sprachverwirrung.

Die Konstruktion Die folgende Brücke ist zwar auch einsturzgefährdet, aber gedanklich etwas anspruchsvoller und im Ergebnis wirklich verblüffend. Anstelle von Bierdeckeln wären natürlich auch gleichgroße Münzen, Fliesen oder Steinplatten möglich. Diese werden nun geschickt aufeinandergestapelt.

Probieren Sie es doch mal beim nächsten Warten auf Cola oder Pizza aus. Ein wenig Geschick gehört dazu! Die Längeneinheit ist aber frei wählbar:

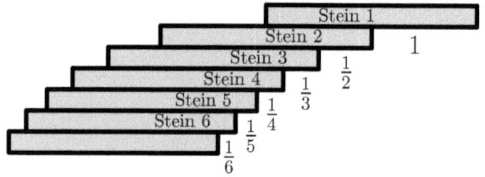

Falls die Deckel oder Platten zum Beispiel 2 dm (Dezimeter) lang sind, dürfen Sie *maximal mit der Hälfte beginnen, also mit 1 dm Überstand,* anschließend $\frac{1}{2}$ dm, dann $\frac{1}{3}$ dm und so weiter!

Für den letzten Überstand von $\frac{1}{6}$ dm der $n = 6$-ten Platte benötigen Sie noch eine letzte Platte darunter. Es sind also hier insgesamt $6 + 1 = 7$ Stück. In der Praxis beginnt die Konstruktion von unten. Ergebnis siehe oben.

Fällt Ihnen auf, dass die oberste Platte bereits 'frei in der Luft' hängt! Aber sie *fällt nicht* herunter! Auch die unteren nicht, überlegen wir, warum. Die Pfeilspitze symbolisiert die Kante des darunter liegenden Steins:

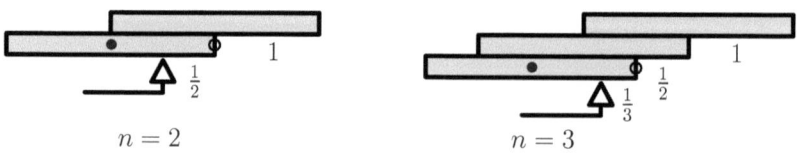

Die folgende Skizze zeigt allgemein den unteren Stein mit der Nummer n. Darüber liegen $n - 1$ Steine:

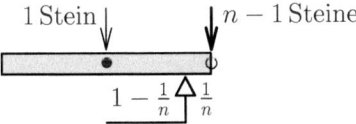

Der Gesamtschwerpunkt der $n-1$ Steine liegt maximal auf der Kante rechts. Das Drehmoment 'Last mal Lastarm' nach rechts ergibt folglich maximal:

$$(n - 1) \cdot \tfrac{1}{n} = 1 - \tfrac{1}{n}$$

Das Drehmoment in die andere Richtung, das durch den Schwerpunkt des Steins der Nummer n erzeugt wird, beträgt:

$$1 \cdot (1 - \tfrac{1}{n}) = 1 - \tfrac{1}{n}$$

Das Ganze ist im Gleichgewicht! Der neue Gesamtschwerpunkt der n Steine liegt an der vom unteren Pfeil markierten Stelle! An dieser Stelle darf der nachfolgend untere Stein enden, ohne dass die n Steine darüber abkippen.

Diese Argumente gelten von Anfang an für beliebige Werte $n = 2, 3, 4, 5, \ldots$

Diese Treppe trägt Diese Treppe stürzt bei der geringsten Belastung ein! Ist sie deshalb nicht tragfähig? Lassen Sie doch einfach von den obersten Platten mindestens so viele weg, wie Sie selbst wiegen. Dann dürfen Sie diese Konstruktion tatsächlich betreten, und zwar bis zum äußersten Rand!

Für das Gleichgewicht ist es unerheblich, ob es sich um Ihr Gewicht oder das der Steine handelt! Aber wird die Spannbreite der Treppe durch fehlende Steine nicht verkürzt? Fangen Sie einfach mit genügend vielen Steinen an!

Denn nun kommt das eigentlich Überraschende:

Die Spannbreite ist beliebig weit Wir müssen ja 'nur' zusammenzählen? Bei derart vielen Summanden wollen wir die Sache aber doch ein wenig vereinfachen.

Eine grobe Abschätzung wird uns dennoch zeigen, dass wir jede Spannbreite überschreiten können. Schließlich dürfen wir n beliebig groß wählen, was nicht anderes bedeutet. Wir haben Summanden, so viel wir nur wollen!

Summanden satt Tappen Sie aber bitte nicht in die Falle, bei beliebig vielen Summanden müsste die Summe *zwangsläufig* beliebig groß werden! Dass dies nicht so sein muss, wissen wir bereits, seitdem Ilka auf Seite 105 ihren Spinat aufgegessen hat. Die Summe seinerzeit lautete

$$\tfrac{1}{2} + \tfrac{1}{4} + \tfrac{1}{8} + \tfrac{1}{16} + \tfrac{1}{32} + \tfrac{1}{64} + \tfrac{1}{128} + \tfrac{1}{256} + \tfrac{1}{512} + \tfrac{1}{1024} \cdots$$

Sie können hiervon so viele Summanden aufaddieren wie Sie nur wollen. Wir wissen: Deren Summe wird niemals den Wert 1 überschreiten! Das Verhalten solcher 'unendlicher Reihen' ist nämlich individuell verschieden! Die Bezeichnung 'unendliche Summe' wäre hierfür eigentlich zutreffender.

Übersicht behalten Teilen wir die unendlich vielen Summanden zunächst in überschaubare Gruppen:

> **SMS**
>
> $$1 + \tfrac{1}{2} + \tfrac{1}{3} + \tfrac{1}{4} + \tfrac{1}{5} + \tfrac{1}{6} + \tfrac{1}{7} + \tfrac{1}{8} + \tfrac{1}{9} + \tfrac{1}{10} + \tfrac{1}{11} + \tfrac{1}{12} + \tfrac{1}{13} + \tfrac{1}{14} + \tfrac{1}{15} + \tfrac{1}{16} + \cdots$$
>
> $$= \underbrace{\left(\tfrac{1}{1} + \tfrac{1}{2} + \ldots + \tfrac{1}{9} \right)}_{9 \text{ Summanden}} + \underbrace{\left(\tfrac{1}{10} + \tfrac{1}{11} + \ldots + \tfrac{1}{99} \right)}_{99-9=90 \text{ Summanden}} + \underbrace{\left(\tfrac{1}{100}, + \tfrac{1}{101} + \ldots + \tfrac{1}{999} \right)}_{999-99=900 \text{ Summanden}} + \cdots$$

Das Erstaunliche, die Summe *jeder* Gruppe ist bestimmt so groß wie $\tfrac{9}{10}$. Das gilt nämlich auch noch nach folgendem Verkleinern der Summanden:

> **SMS**
>
> $$\underbrace{\left(\tfrac{1}{10} + \tfrac{1}{10} + \ldots + \tfrac{1}{10} \right)}_{0 \text{ Summanden} - \frac{9}{10}} + \underbrace{\left(\tfrac{1}{100} + \tfrac{1}{100} + \ldots + \tfrac{1}{100} \right)}_{90 \text{ Summanden} = \frac{00}{100} = \frac{9}{10}} + \underbrace{\left(\tfrac{1}{1000} + \tfrac{1}{1000} + \ldots + \tfrac{1}{1000} \right)}_{900 \text{ Summanden} = \frac{900}{1000} = \frac{9}{10}} + \cdots$$

Und da es beliebig viele solcher Päckchen gibt, muss die Gesamtsumme unserer unendlichen Reihe beliebig groß werden!

Ein Haar in der Suppe Ein Haar auf dem Kopf ist relativ wenig, aber ein Haar in der Suppe ist relativ viel! Haben Sie es auch schon gefunden? Bevor wir ganz mutig zum betonfreien Treppen- und Brückenbau übergehen, sollten wir uns vielleicht ein paar konkrete Zahlenbeispiele ansehen!

Welche Strecke lässt sich mit n Steinen überbrücken? Die Frage lautet also:

Wie groß wird $\qquad S_n = 1 + \tfrac{1}{2} + \tfrac{1}{3} \ldots + \tfrac{1}{n} \qquad$ (abhängig von n)?

Wir erhalten $\mathbf{S_6 = 2{,}45}$. Das bedeutet also für die Skizze zu Beginn:

Bei 6 Platten (plus Grundplatte) der Länge 2 dm beträgt der Überstand der obersten Platte 2,45 dm. Das ist mehr als eine Plattenlänge. Die obere Platte schwebt bereits über der unteren Auflage!

So weit, so gut, prinzipiell kommen wir ja beliebig weit! Mit entsprechend viel Mühe und Geduld steht bei einem Stapel von 52 Spielkarten die obere Karte um mehr als zwei Längen über: $S_{52} = 4{,}5\ldots$

Aber nun erkennen wir das Haar in der Suppe:

$S_{100} = 5{,}1\ldots$! Weitere Zahlenbeispiele: $S_{1000} = 7{,}48\ldots$, $S_{1\,000\,000} = 14{,}392\ldots$

Ein wenig zum Gruseln Das letzte Zahlenbeispiel bedeutet aber nicht, dass ich mühsam $n = 1\,000\,000 = 1$ Million Summanden aufaddiert habe. Das geht nämlich viel eleganter, falls wir uns ein wenig in das mathematische Gruselkabinett wagen! Dort finden wir zum Beispiel die Abschätzung:

$$C + \ln(n) < S_n < C + \ln(n+1).$$

$C = 0{,}577215\ldots$ heißt *Eulersche Konstante*. Den 'natürlichen Logarithmus' $\ln(x)$ finden Sie auf jedem wissenschaftlichen Taschenrechner. Tippen wir zum Beispiel für n den Wert 1000 ein, erhalten wir sofort die Abschätzung:

$$\underbrace{C + \ln(1000)}_{7{,}484\ldots} < S_{1000} < \underbrace{C + \ln(1001)}_{7{,}485\ldots}$$

Genau wie der Zehnerlogarithmus wächst auch der natürliche Logarithmus extrem langsam – wen wundert's:

Diese Bauweise konnte sich nicht durchsetzen!

Wenn ich einmal reich wär'!

Goldene Aussichten Stellen Sie sich bitte vor, in einer Mathematik-vorlesung behauptet der Dozent: Jede Kugel lässt sich in endlich viele Teile zerlegen und anschließend wieder so zusammensetzen, dass zwei Kugeln in *derselben Größe*(!) wie die Ausgangskugel entstehen. Wohlbemerkt, es geht hier stets um volle Kugeln, also ohne irgendwelche Hohlräume!

Der Beweis dieser Behauptung sei Gegenstand des anschließenden Seminars im folgenden Semester, Anmeldung erwünscht. So geschehen während meines Mathematikstudiums in einer Vorlesung *über Maß– und Integrationstheorie*.

Zu jener Zeit war das Musical 'Anatevka' sehr populär (fiddler on the roof), insbesondere das schöne Lied mit dem Titel 'Wenn ich einmal reich wär'! Und plötzlich sah auch ich meine Chance gekommen:

Entweder würde ich einen Fehler im Beweis finden und berühmt werden, oder mir eine kleine Kugel aus Gold besorgen, und diese ständig verdoppeln!

Ich meldete mich sofort an!

Ein Semester später Vielleicht möchten Sie doch einen kleinen Eindruck erhalten, mit welchen Methoden die Kugel in Teilmengen zerlegt wird. Andernfalls überschlagen Sie einfach das Folgende bis zum Zeichen ♣.

Zeigen wir es an einem Kreis und wählen dort einen Anfangspunkt P_0: Drehen wir nun diesen Punkt um einen festen Winkel α, erhalten wir einen weiteren Punkt P_1. Drehen wir P_1 wieder um α, bezeichnen wir den neuen Punkt mit P_2, usw. In der Skizze unten sind die Punkte fett hervorgehoben!

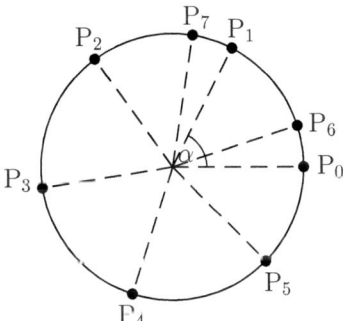

Sind die erhaltenen Punkte denn alle verschieden? 'Normalerweise' ja, oder präziser ausgedrückt: Nur bei spezieller Wahl von α fällt ein neuer Punkt mit einem bereits erhaltenen Punkt zusammen! Zum Beispiel erhalten Sie für $\alpha = 60°$ nur 6 verschiedene Punkte, wegen $6 \cdot \alpha = 1 \cdot 360°$. Im Falle $\alpha = 80°$ sind es 9 verschiedene Punkte. Hier gilt $P_9 = P_0$, weil hier $9 \cdot \alpha = 2 \cdot 360°$. Das bedeutet: $\alpha = \frac{2}{9} \cdot 360°$ $(= 80°)$!

Den Faktor $r = \frac{2}{9}$ bezeichnet man auch als Bruchzahl oder rationale Zahl. Tatsächlich lässt sich leicht zeigen: Genau dann erhält man nur endlich viele verschiedene Punkte, wenn gilt: $\alpha = r \cdot 360°$. Wobei r eine rationale Zahl bezeichnet, zum Beispiel $\frac{1}{6}$ oder $\frac{2}{9}$, oder auch $\frac{17}{183}$.

SMS $\quad P_i = P_j \Leftrightarrow i \cdot \alpha = j \cdot \alpha + k \cdot 360° \Leftrightarrow \alpha = \frac{k}{i-j} \cdot 360°, \ r = \frac{k}{i-j}$

Es wird irrational Im Folgenden wählen wir als Faktor r irgendeine Zahl, die *nicht* rational ist. Man nennt sie irrational. Vermutlich kennen Sie nur eine einzige Zahl, die nicht rational ist, also nicht als Bruch darstellbar ist. Lassen Sie mich raten: Es ist $\sqrt{2}$. Aber auch $\frac{\sqrt{2}}{5}$ und $5 \cdot \sqrt{3}$ und $\sqrt[3]{5} + \frac{3}{2}$ und $\frac{\pi}{6}$ sind irrational! Solcherart Zahlen gibt es jedenfalls mehr als genug!

Sei also $\alpha = r \cdot 360°$ und r nun eine irrationale Zahl! Durch ständiges Drehen von P_0 entstehen jetzt *unendlich viele verschiedene* Punkte $P_0, P_1, P_2, P_3, \ldots$! Wir bezeichen die entstehende Punktmenge kurz mit M. Und nun fängt es langsam an, merkwürdig zu werden, und so etwas brauchen wir doch auch. Schließlich ist ja auch das Ziel der Kugelverdopplung mehr als merkwürdig!

Es wird gezaubert Die derart konstruierte Menge M zeigt die Grundidee. Bringen wir doch spaßeshalber zunächst einmal Punkte zum Verschwinden: Drehen Sie gedanklich die Punktmenge M um den Winkel α, so wird aus P_0 der Punkt P_1, aus P_1 wird P_2, und P_2 rückt an die Stelle von P_3, usw. Aber ist Ihnen auch aufgefallen, dass P_0 ersatzlos verschwunden ist? Und drehen Sie noch einmal um α, verschwindet auch P_1, als nächstes P_2 usw.

Doch in umgekehrter Drehrichtung passiert das gewünschte Gegenteil! Zum Beispiel wird P_3 zu P_2, P_1 wird zu P_0, und P_0 führt zu einem neuen Punkt, für den es also vor der Drehung noch gar keinen entsprechenden Punkt von M gab! Durch nochmalige Drehung entsteht ein weiterer neuer Punkt, usw. In umgekehrter Drehrichtung kommen folglich ständig neue Punkte hinzu.

Welch' wundersame Vermehrung! ♣

Nur der Anfang Nun ging es in unserem Seminar aber erst richtig los. Wir hatten zwar eine Menge auf dem Kreis gefunden, die wir durch Drehen beliebig vergrößern konnten, aber wir hatten noch nicht einmal den Kreis verdoppelt geschweige denn eine Kugel.

Es wurde ein mathematischer Kraftakt! Wir benötigten noch viele Wochen, um die weiteren Schritte zu verstehen. Doch die Grundidee dürfte Ihnen zumindest im Ansatz klar geworden sein. Es muss aber nicht unbedingt eine Kugel sein. Auch einen Würfel könnte man verdoppeln oder meinetwegen gleich verdreifachen, doch dann wird der Beweis noch viel komplizierter. *Am einfachsten geht's mit der Kugel!*

Auf weitere Einzelheiten werden wohl die meisten Leser gerne verzichten! Spezialisten finden den gesamten Beweis auch im Internet, zum Beispiel unter dem Theorem oder 'Paradoxon von Banach und Tarski'. Bei beiden handelt es sich um berühmte polnische Mathematiker des 20. Jahrhunderts.

Sie haben es sicher schon geahnt: Obwohl ich Zeile für Zeile des Beweises und jede Einzelheit überprüfte, konnte ich keinen einzigen Fehler entdecken. Es war irgendwie kurios: Ich ärgerte mich über eine fehlerfreie Arbeit!

Und die praktische Seite des Beweises? Wie sollte ich denn vorgehen? Haben Sie jemals auch nur irgend etwas aus einzelnen Punkten zusammengesetzt, und dann auch noch aus unendlich vielen? Alle meine Pläne waren zunichte!

Auf den Punkt gebracht So eine Zerlegung ist noch aus anderen Gründen *praktisch* unmöglich, denn sie würde ja den atomaren Aufbau der Materie zerlegen und somit zerstören. Gilt das aber auch für ein *einzelnes* Teilchen?

Zum Beispiel würde ein einfaches Elektron beim Zerlegen und Wiederaufbau seine Form und Struktur behalten. Aber ist es denn wirklich eine Kugel? Und woraus besteht es eigentlich? Vielleicht ist es nur eine stehende Welle aus Energie, und wie soll man so etwas zerlegen?

Der Beweis von Banach und Tarski führt unweigerlich zu grundsätzlichen philosophischen und mathematischen Fragen. Über das beim Beweis auch benutzte 'Auswahlaxiom' können Mathematiker stundenlang diskutieren. Doch die vielleicht einfachste aber auch grundsätzlichste Frage lautet doch:

Ist die Welt wirklich aus einzelnen Punkten zusammengesetzt? Gegenfrage:

Haben Sie eine bessere Idee?

Rutschpartie mit Galileo Galilei

Selbst ist der Mann Hoffentlich haben Sie nicht zwei linke Hände und an jeder Hand fünf Daumen? Ganz anders ist mein Nachbar, Herr Hammerfix. Der baut soeben ganz stolz für seinen Nachwuchs eine einfache Rutsche. Vergleichen Sie folgende Skizze. Von B nach C sind es übrigens

$$\overline{BC} = 2{,}5\,\text{m}.$$

Doch wie hoch soll der Ausgangspunkt A liegen? Zu langsam darf es natürlich nicht bergab gehen, das verdirbt nur den Spaßfaktor! Vielmehr möchte er, dass die Kinder *in kürzester Zeit* nach unten gelangen:

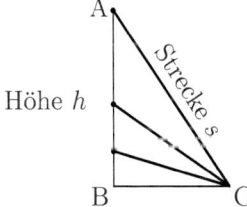

Höhe h

In kürzester Zeit von A nach C!
Wie hoch muss A gewählt werden?

Beim Fallen verwandelt sich die potentielle oder Lage-Energie $E_{pot} = m \cdot g \cdot h$ in kinetische oder Bewegungsenergie $E_{kin} = \frac{1}{2}\,m \cdot v^2$, also $E_{kin} = E_{pot}$. Das ergibt: $\frac{1}{2}\,m \cdot v^2 = m \cdot g \cdot h$. Hierbei ist m die Masse, $g = 9{,}8\,\frac{\text{m}}{\text{s}^2}$ die Fallbeschleunigung, h die Fallhöhe und v die erreichte Fallgeschwindigkeit. Danke, das reicht! Auflösen der Gleichung nach v liefert sofort:

$$v = \sqrt{2g \cdot h}$$

Wir vernachlässigen natürlich hier wie im Folgenden den Luftwiderstand und die Reibung. Rechnen wir nur als Beispiel: Beim Sprung von einem 5 Meter hohen Turm, also $h = 5\,\text{m}$, landen wir unten mit einer Geschwindigkeit von $v = \sqrt{2 \cdot 9{,}8 \cdot 5}\,\frac{\text{m}}{\text{s}}$, also rund 10 $\frac{\text{m}}{\text{s}}$, entsprechend 36 $\frac{\text{km}}{\text{h}}$. Mit einem Fahrrad ohne 'elektrischen Rückenwind' müssen Sie dafür schon tüchtig strampeln. Bei einer Fallhöhe von $h = 2{,}5\,\text{m}$ sind es immerhin noch 7 $\frac{\text{m}}{\text{s}}$ oder 25,2 $\frac{\text{km}}{\text{h}}$.

Falls Sie rutschen, sozusagen 'schräg springen', so dauert es nur etwas länger, bis Sie unten ankommen und besagte Endgeschwindigkeit erreicht haben! Viele Wasserrutschen sind erstaunlich glatt, also fast ohne Reibungsverluste. Bestimmen wir nun auch die Zeitdauer: Die Geschwindigkeit dieser *gleichmäßig beschleunigten Bewegung* nimmt bezeichnenderweise gleichmäßig zu. Am Anfang beträgt sie $v = 0$, am Ende $v = \sqrt{2g \cdot h}$. Das bedeutet eine mittlere oder Durchschnittsgeschwindigkeit $v_{mitt} = \frac{1}{2} \cdot \sqrt{2g \cdot h}$.

Bezeichnen wir die Fall- oder Rutschzeit mit t, so beträgt die zurückgelegte Strecke = Geschwindigkeit mal Zeit = $v_{mitt} \cdot t = s$. Folglich $t = s/v_{mitt}$. Das war's schon! Einsetzen von v_{mitt} ergibt

$$(*) \qquad t = \sqrt{\frac{2}{g}} \cdot \frac{s}{\sqrt{h}} \qquad \text{und mit Pythagoras} \quad s = \sqrt{\overline{AB}^2 + \overline{BC}^2}$$

Probieren wir gleich mal aus: Bei einer Rutsche der Breite $\overline{BC} = 2{,}50\,\text{m}$ und gleicher Höhe $\overline{AB} = 2{,}50\,\text{m}$ erhalten wir $s = \sqrt{2{,}50^2 + 2{,}50^2}\,\text{m} = 3{,}54\,\text{m}$. Eingesetzt in die mit (*) markierte Gleichung ergibt wegen $h = \overline{AB} = 2{,}50\,\text{m}$ und $g = 9{,}8\,\frac{\text{m}}{\text{s}^2}$ die gesuchte Zeit $t = 1{,}01$ Sekunden, also rund 1 Sekunde! Geht es vielleicht noch etwas schneller? Das eigentliche Problem ist hiermit *nicht* gelöst! Wir könnten allenfalls weitere Werte für die Höhe $\overline{AB}$ einsetzen sowie den fest vorgegebenen Wert für $\overline{BC} = 2{,}5$ m. Durch diese Herumprobiererei erhielte besagter Herr Hammerfix verschiedene Werte für t und könnte dann über die kürzeste Zeitdauer zumindest spekulieren.

Das Minimum ließe sich mit Hilfe der Differenzialrechnung exakt bestimmen. Das hieße hier allerdings mit Kanonen auf Spatzen schießen! Es gibt eine wirklich geniale Lösung, die weit mehr als nur das gesuchte Minimum liefert und mit elementaren geometrischen Methoden zu finden ist. Ein kleiner Geniestreich und der Urheber ist Ihnen gewiss bekannt!

Der Mann für alle Fälle Das obige Ergebnis für die Fall- bzw. Rutschzeit kannte bereits der in Pisa geborene Galileo Galilei (1564-1642), der den dortigen schiefen Turm für seine fundamentalen Untersuchungen der Fallgesetze nutzte. Seine geniale Folgerung aus obigem Ergebnis fasste er in einer einfachen Zeichnung zusammen, vergleichen Sie folgende Skizze.

Sie erkennen dort verschiedene 'Rutschen' oder 'schiefe Ebenen' skizziert, natürlich von der Seite aus betrachtet. Der Anfangspunkt ist wiederum A.

Gemäß Galileo Galilei gilt:
Zeitlich gesehen besteht kein Unterschied, ob Sie nun von A nach E rutschen, oder von A nach C, oder von A nach G, oder gar von A im freien Fall nach H.

Er fasste in seiner Skizze alle Rutschen mit gleicher Rutschzeit zusammen! Am weitesten nach rechts gelangen wir bei einem 'Rutschwinkel' von 45°. Je größer der Radius des (Thales-) Kreises, um so länger die benötigte Zeit! Würden wir anstelle von $\overline{BC}$ nun alternativ $\overline{DF}$ oder $\overline{FG}$ gleich 2,5 m wählen, wäre der Radius r des entsprechenden Kreises größer, demnach auch die benötigte Zeit! Die Lösung des Problems lautet also *Höhe gleich Breite*!

Für Experten sei rechter Hand der erstaunlich kurze Beweis hinzugefügt:

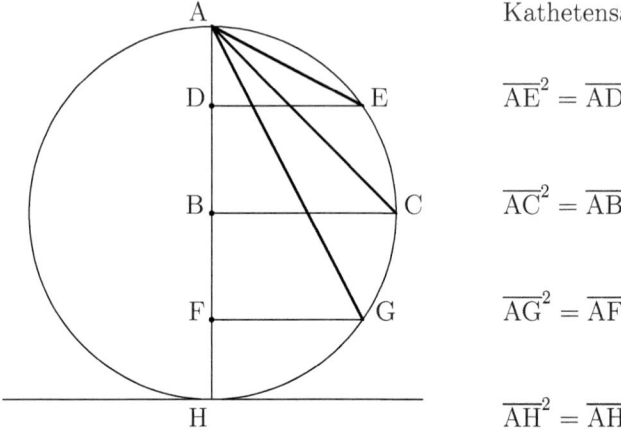

Kathetensatz:

$$\overline{AE}^2 = \overline{AD} \cdot \overline{AH}$$

$$\overline{AC}^2 = \overline{AB} \cdot \overline{AH}$$

$$\overline{AG}^2 = \overline{AF} \cdot \overline{AH}$$

$$\overline{AH}^2 = \overline{AH} \cdot \overline{AH}$$

$$\frac{\overline{AE}^2}{\overline{AD}} = \frac{\overline{AC}^2}{\overline{AB}} = \frac{\overline{AG}^2}{\overline{AF}} = \frac{\overline{AH}^2}{\overline{AH}} = \overline{AH}$$

Aus diesen Anmerkungen folgt zum Schluss nach Wurzelziehen sofort:

$$\frac{s}{\sqrt{h}} = \frac{\overline{AE}}{\sqrt{\overline{AD}}} = \frac{\overline{AC}}{\sqrt{\overline{AB}}} = \frac{\overline{AG}}{\sqrt{\overline{AF}}} = \frac{\overline{AH}}{\sqrt{\overline{AH}}} = \sqrt{\overline{AH}}$$

Die Multiplikation mit $\sqrt{\frac{2}{g}}$ liefert gemäß (∗) die betreffenden Rutschzeiten!

Alle sind folglich gleich groß, nämlich $t = \sqrt{\frac{2}{g} \cdot \overline{AH}}$ – *was zu beweisen war!*

Interessanterweise ist demnach die Rutschzeit für $\overline{AB} = \overline{BC} = \mathbf{r} = 2{,}5\,\mathrm{m}$ gleich der Fallzeit aus $\overline{AH} = \mathbf{2r} = 5\,\mathrm{m}$ Höhe! Und wie wir bereits ausgerechnet haben, dauert das nur wenig mehr als 1 Sekunde. Bei einem Sprung vom 5-Meter-Turm im Schwimmbad kommt einem das doch viel länger vor! Wobei durch den zumeist nach oben gerichteten Absprung die Fallzeit dort tatsächlich ein wenig verlängert wird.

Schauen Sie sich einfache Kinderrutschen auf Spielplätzen doch einmal an! Die Grundform ähnelt einem *gleichschenkligen* Dreieck, unten natürlich abgerundet, und die kleine Treppe nach oben ist am anderen Ende mehr oder weniger schräg dagegen gestellt – Handwerker haben das alles im Gefühl. *Galileo Galilei hätte eigentlich nur Herrn Hammerfix fragen müssen!*

Sonne, Mond und Sterne

Es war Kult Den Beginn eines neuen Jahres zu bestimmen oder gar vorauszusagen, gehörte in fast allen Kulturen zum Geheimwissen priesterlicher Kasten. Der Bau eines Monuments wie Stonehenge ist eines der beeindruckenden Hilfsmittel. Ihr Gebrauch war vermutlich auch mit spirituellen Handlungen verbunden. Kalenderbetreffend ist in den westlichen Kulturen nur eine einzige 'spirituelle' Handlung übrig geblieben – die Silvesterparty!

Sonne, Mond und Sterne Mit deren Hilfe entwickelte jede Kultur ihren eigenen komplizierten Kalender, von denen auch heute noch einige in Gebrauch sind. Den Maya–Kalender benutzten selbsternannte Experten sogar, der Menschheit zum 21. Dezember 2012 den Weltuntergang zu prophezeien. Die Mayas konnten sich nicht wehren und der Kosmos blieb unbeeindruckt! Islamisches und jüdisches Leben richten sich heute noch nach dem Mond, und die Christen tun es gleichfalls mit dem Osterfest:

Ostersonntag ist der erste Sonntag nach *Frühlingsvollmond,*

soll heißen: Warten Sie den Frühlingsbeginn ab, dann den ersten Vollmond und der folgende Sonntag ist Ostern. Ansonsten orientiert sich aber unser profanes Leben mit Blick auf die *Sonne!* Mit ihr stehen wir auf, oder wir versuchen es zumindest, und der um unsere Ernährung bemühte Landwirt muss sich bei Aussaat und Ernte zusätzlich noch an die Jahreszeiten halten. Ein Jahr dauert von einer Tagundnachtgleiche im Frühjahr bis zur nächsten 365,2422 (Sonnen-) Tage. Was ist eigentlich ein Tag?

Guten Tag „Der Tag hat 24 Stunden. Wenn Dir das nicht reicht, dann nimm noch die Nacht hinzu!" heißt es ironisch. Es stimmt aber auch nicht, dass sich die Erde in genau 24 Stunden einmal um ihre Achse dreht! Das tut sie zwar sehr präzise, aber hierfür benötigt sie nur 23 Stunden, 56 Minuten und 4 Sekunden. Nach so einem *Sterntag* erblicken Sie dann einen Fixstern wieder in der gleichen Richtung wie vorher!

Um aber die Sonne wieder um 12 Uhr mittags genau im Süden zu sehen, muss sich die Erde während einer Strecke von weit mehr als zwei Millionen Kilometern *zusätzlich* um den Winkel drehen, den sie in diesem Zeitraum auf dem Weg um die Sonne zurücklegt. Das sind zwar nur etwa $1°$ ($360°/365$), aber hierfür benötigt sie durchschnittlich knappe 4 Minuten!

Die Skizze ist etwas übertrieben gezeichnet, mit Blick auf den Nordpol:

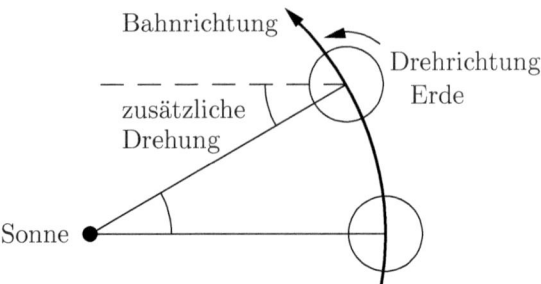

Ein *solcher* Sonnentag dauert im Durchschnitt

1 Tag $= 24$ Stunden $= 24 \cdot 60 \cdot 60 = 86\,400$ SI-Atomuhrsekunden.

Die unterschiedliche Geschwindigkeit auf der Ellipsenbahn und die Neigung der Erdachse verursachen aber Abweichungen von bis zu $20\ldots30$ Sekunden. Über viele Tage hinweg aufsummiert kann das zu einem Unterschied von bis zu $\pm\,15$ Minuten zwischen Sonnenstand und Ihrer atomzeitgesteuerten Funkuhr führen. In dieser Hinsicht ist eine gute Sonnenuhr manchmal genauer!

Aber keine Angst, im Laufe des Jahres gleicht sich das schon alles wieder aus! Im Durchschnitt dauert ein *Sonnentag* oder kurz *Tag* jedenfalls sehr genau $86\,400$ Sekunden. Das hat man nämlich seinerzeit auch bei der Definition der SI - Atomuhrsekunde bedacht. Doch die heutige Präzision bereitet uns auch entsprechend viel Mühe!

Ganz genau stimmt gar nichts mehr Was soll sich an der Erdrotation im Laufe der Zeit schon ändern? Da vertrauen wir doch einfach dem Energieerhaltungssatz, und der erhält auch unsere Rotationsenergie! Doch dessen ungeachtet kann sich trotzdem die Drehgeschwindigkeit ändern.

Das demonstriert eindrucksvoll jeder Eisläufer bei der Pirouette durch Ausbreiten der Arme oder weniger künstlerisch ausgedrückt, durch Massenverlagerung. So etwas geschieht auch im flüssigen Erdinneren durch Verlagerung von Magmaströmen, und eine Etage höher, durch Änderungen von Meeresströmungen oder von Schneehöhen in Gebirgen und anderes mehr! Da kommen Änderungen von $0,1\ldots0,2$ Millisekunden pro Tag zusammen.

Diskutieren wir auch die Bremswirkung der Gezeiten: Vor vielleicht 200 Millionen Jahren, als noch kein Mensch lebte und die Saurier darauf warten mussten, von einem Meteoriten ausgelöscht zu werden, dauerte der Tag nur 23 Stunden! Aber das bedeutet bis heute nur eine *jährliche* Zunahme der Tageslänge von ca. $0,01\ldots0,02$ Millisekunden!

Es summiert sich Aus Millisekunden pro Tag werden nach einigen Jahren Sekunden. Da man die Abweichung unter einer Sekunde halten möchte, gibt man gelegentlich am Ende eines Jahres eine 'Schaltsekunde' hinzu. Seit 2020 dreht sich unser Planet erstmals wieder zu schnell, so dass auch negative Schaltsekunden diskutiert werden. Und das alles nur, um den Stand von Sonne und Uhr wieder exakt in Einklang zu bringen. Computersysteme mögen leider solche Schaltsekunden gar nicht.

Da man die Schaltzeit bevorzugt am Jahresende anhängt, nehmen viele fälschlicherweise an, man wolle hiermit den kalendarischen Rhythmus der Jahreszeiten synchronisieren. Das ist aber auf diese Weise gar nicht möglich, ohne die Synchronisation von Sonne und Uhrzeit durcheinander zu bringen!

So etwas Krummes Wie lang ist eigentlich ein Jahr? Schon wieder blicken wir zur Sonne und definieren: Ein *Jahr* ist die Zeitdauer von einer Frühlings-Tagundnachtgleiche bis zur nächsten. Nach heutiger Messung sind das

$$365,2422 \text{ Tage} = 365 \text{ Tage} + 5 \text{ Stunden} + 48 \text{ Minuten} + 46 \text{ Sekunden}$$

Was machen wir bloß mit den 5 Stunden, 48 Minuten und 46 Sekunden– eine Silvesterparty? Und dann mit dem 1. Januar 0 Uhr das neue Jahr beginnen? Falls Sie allerdings am nächsten Tag zur Mittagszeit nach oben schauen, erblicken Sie ernüchtert die Sonne bereits am Abendhimmel. Im nächsten Jahr kämen wieder 5 Stunden, 48 Minuten und 46 Sekunden hinzu, usw. Auch ein kleinerer Zeitunterschied würde so allmählich zu einem völligen Abdriften führen. Da wachst nicht zusammen, was nicht zusammenpasst!

Königin Kleopatra VII schenkte Julius Caesar nicht nur einen Sohn, sondern ließ ihm durch einen ihrer Astronomen auch den genialen Trick mit dem Schalttag erklären. Er war so klug, diese Idee umsetzen zu lassen. Ab 46 v. Chr. zählte dann der 'Julianische Kalender' ein Jahr mit 365 Tagen, aber zur Korrektur jedes 4. Jahr ein sogenanntes Schaltjahr mit 366 Tagen! Im Mittel fügte man den 365 Tagen also $1/4 = 0{,}25$ Tage hinzu. Die durchschnittliche Länge eines Julianischen Jahres betrug somit

$$365{,}25 \text{ Tage} = 365 \text{ Tage} + 6 \text{ Stunden}.$$

Der Unterschied zum exakten Fahrplan beträgt auf dieser langen Strecke um die Sonne nur $0{,}0078$ Tage $= 11$ Minuten $+ 14$ Sekunden! Für jene Epoche eine bewundernswerte Genauigkeit! Vergleichen Sie lieber nicht mit den Verspätungen auf den wesentlich kürzeren Strecken der Deutschen Bahn.

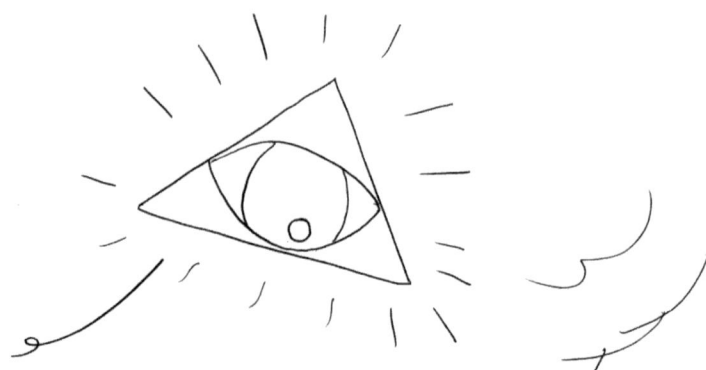

SO WEBE DIE ZEIT AUS
365,24219... TAGEN EIN JAHR –
DAS WIRD DIE MENSCHEN EINE WEILE BESCHÄFTIGEN!

Caesar fügte übrigens den Schalttag mit dem 29. Februar an das Ende des alten römischen Jahres, das mit dem März begann! Das erkennt man noch leicht an den Monatsnamen. Dementsprechend war nämlich der September (*septem* = 7) der 7. Monat des Jahres, dann folgten Oktober (*octem* = 8), November (*novem* = 9) und Dezember (*decem* = 10). Caesars Idee mit dem Jahresende hätte heutzutage wohl kaum eine Chance – ein 32. Dezember! Wer hat nach den Geschenken für Weihnachten dann noch Geld für Silvester?

Papst Gregor XIII Trotz der nur geringen Überlänge von zirka 11 Minuten oder 0,0078 Tage verschob sich der kalendarische Frühlingsbeginn nach 1000 Jahren um fast 8 Tage und stimmte auch nicht mehr annähernd mit dem wahren Termin der Tagundnachtgleiche überein. Das bemerkten besonders die Bauern bei ihrer Feldarbeit.

Im Jahre 1582 zog Papst Gregor XIII bekanntlich die Notbremse. Er justierte und kalibrierte das julianische Kalendersystem per Bulle 'Inter gravissimas': Auf den 4. Oktober folgte der 15. Oktober 1582. Da das julianische Jahr zu lang geraten war, wurde die Anzahl der Schalttage schlichtweg reduziert:

Eine durch 4 teilbare Jahreszahl bedeutete auch weiterhin ein Schaltjahr mit *Ausnahme* der Hunderter wie 1700, 1800, 1900. Eine Ausnahme von der Ausnahme bilden die durch 400 teilbaren Jahreszahlen. Hier blieb man bei einem Schaltjahr wie zum Beispiel beim Jahr 2000. Danach sind dann 2100, 2200, 2300 keine Schaltjahre mehr, wohl aber wieder das Jahr 2400, und so weiter und so fort. Rechnen wir doch einmal kurz nach:

Von den 100 julianischen Schalttagen in 400 Jahren ($100/400 = 0,25$) wurden im gregorianischen Kalendersystem 3 gestrichen, bleiben also 97 übrig ($97/400 = 0,2425$). Die durchschnittliche Jahreslänge beträgt also nun:

$$365,2425 \text{ Tage} = 365 \text{ Tage} + 5 \text{ Stunden} + 49 \text{ Minuten} + 12 \text{ Sekunden}$$

Ganz erstaunlich, das gregorianische Jahr ist nur noch 26 Sekunden zu lang! Das addiert sich erst nach über 3000 Jahren wieder zu einem Tag.

Zündstoff überall Die neue Kalenderregelung fiel unglücklicherweise in die unruhige Zeit der Reformbewegung. Es war nicht zu erwarten, dass die Kritiker der katholischen Kirche einer päpstlichen Anweisung folgen würden! So übernahmen die katholischen Länder 1582 den gregorianischen Kalender, während die Protestanten weiterhin protestierten. Die Kalenderreform wurde nicht nur in deutschen Landen zum konfessionspolitischen Zündstoff.

Noch zu Zeiten der Friedensverhandlungen nach dem 30–jährigen Krieg zeichnete man gegenseitige Schreiben in Münster und Osnabrück mit gregorianischem *und* julianischem Datum! Osnabrück beugte sich der Vernunft endgültig im Jahre 1651, und zwar aus freien Stücken, wie man betonte.

In Hannover folgte man beispielsweise erst im Jahre 1700. England und seine Kolonien einschließlich der späteren USA wechselten nach dem julianischen 2. September zum gregorianischen 14. September 1752. Das am 30–jährigen Krieg beteiligte Schweden folgte am 17. Febr./1. März 1753.

Russland benutzte erst ab dem 13. Jahrhundert den *julianischen* Kalender!

Johann Heinrich von Mädler war Astronom und als solcher auch in Diensten der russischen Regierung. Er schlug ihr im Jahre 1864 folgende Reform der alten julianischen Schalttagsregelung vor: *Der im vierjährigen Turnus übliche Schalttag solle regelmäßig alle 128 Jahre einmal ausfallen!*

Von den 32 üblichen Schalttagen in 128 Jahren ($32/128 = 0{,}25$) blieben dann also 31 übrig ($31/128 = 0{,}2421875$). Die Länge eines solchen Jahres beträgt:

$$365{,}2421875 \text{ Tage} = 365 \text{ Tage} + 5 \text{ Stunden} + 48 \text{ Minuten} + 45 \text{ Sekunden}$$

Die Rechnung! Bitte vergleichen Sie: $\quad 0{,}2421875 \cdot 24\,\text{h} = \mathbf{5{,}8125}\,\text{h}\,;$
$0{,}8125 \cdot 60\,\text{min} = \mathbf{48{,}75}\,\text{min}\,; \quad 0{,}75 \cdot 60\,\text{sec} = \mathbf{45}\,\text{sec}.$

Die Differenz von 1 Sekunde liegt im Bereich des Rundungsfehlers unserer 365,2422 Tage (letzte Stelle gerundet)! Doch die russische Regierung war nicht zu überzeugen und blieb beim *julianischen* Kalender.

Die russische Revolution geschah julianisch am 25. Oktober 1917. Unter Lenin folgte endlich nach dem 31. Januar 1918 der gregorianische 14. Februar 1918. Nach heutiger Rechnung fällt die Oktoberrevolution auf den 7. November!

(Die russisch–orthodoxe Kirche Russlands blieb bis heute beim julianischen Kalender. Man feiert das Weihnachtsfest zwar am 24. Dezember, aber immernoch nach alter julianischer Zeitrechnung. Momentan ist das der 7. Januar!)

In der Volksrepublik China wurde erst mit ihrer Proklamation am 1. Oktober 1949 von Mao Zedong der gregorianische Kalender eingeführt. Nun endlich:

Freund und Feind kalendarisch vereint!

Prozentrechnung ist einfach?

Wie einst in Gallien Zum unbeugsamen Volk der Gallier kommen wir gleich. Zunächst sei festzuhalten, dass die Leute im Mittelalter in wahrlich paradiesischen Steuerverhältnissen gelebt haben. Jeder von uns zahlt heute mehr als 10 % an Abgaben! Und wenn wir es wagen, vom restlichen Geld noch etwas zu kaufen, sind davon sogleich wieder runde 20 % an Mehrwertsteuer abzugeben. Da tröstet es nur wenig, dass 'der Zehnte' ursprünglich eine Abgabe an die Kirche war und die heutige Kirchensteuer nur 8 - 9 % der Lohnsteuer beträgt.

Doch auch der erwähnte Zehnte betrug bisweilen mehr als 10 % und wurde zu einer weltlichen Abgabe. Kirchen waren oft im Besitz adeliger Grundherren. Auch die Klöster und Bischöfe besaßen militärische Macht. Das kostete Geld! Unser glückliches Gallien besaß allerdings einen berühmten Zaubertrank, der sein Volk unbesiegbar machte. Aber auch das musste finanziert werden, wenn wir folgender Geschichte glauben wollen:

Wenix verdient als Halbtagskraft in einem Steinbruch 2000 gallische Taler im Monat und muss hiervon $33\frac{1}{3}$ % an Abgaben entrichten, als da sind: Lohn- und Druidensteuer, Hinkelsteinversicherung, Wildschweinpfennig, Zaubertrank–Ergänzungsabgabe und was man alles nicht für möglich hält!

Duplix verdient als Ganztagskraft mit 4000 gallischen Talern doppelt so viel, und zahlt deshalb als sogenannter Besserverdienender $66\frac{2}{3}$ % an Abgaben. Die Frage: *Wieviel hat Duplix am Ende (netto) mehr als sein Freund Wenix?*

Wenix: 2000 Taler, $33\frac{1}{3}$ % Abgaben, *Duplix:* 4000 Taler, $66\frac{2}{3}$ % Abgaben.

Überprüfen Sie Ihre Kenntnisse in der Prozentrechnung und bestätigen Sie:

Die Antwort lautet: *Garnix!*

Es lässt sich ganz einfach rechnen: Zunächst sind $33\frac{1}{3}$ % dasselbe wie 1/3 (ein Drittel), und $66\frac{2}{3}$ % entsprechend 2/3 (zwei Drittel). Somit behält Wenix noch 2/3 von 2000 Taler, und Duplix verbleiben 1/3 von 4000 Taler.

$$\textbf{SMS} \quad \frac{2}{3} \cdot 2000 = \frac{1}{3} \cdot 4000$$

Das ergibt exakt dasselbe: Entscheidend bei diesen Prozentzahlen ist nur, dass Duplix das Doppelte verdient. Doch bei einem solchen Steuersystem wie in Gallien würde uns die Galle hochkommen.

Die Proportionalsteuer Welche Steuersätze würden Sie denn vorschlagen? Zunächst einmal wäre ein bestimmtes Einkommen steuerfrei. Was darüber liegt, ist das zu versteuernde Einkommen. Wir bezeichnen es im folgenden abkürzend als 'Verdienst', und nur um die Besteuerung dieses Betrages geht es im folgenden! Würden Sie nun vorschlagen:

Wer doppelt so viel verdient wie ein anderer, soll auch doppelt so viel Steuern zahlen, wer dreimal so viel verdient, bezahlt entsprechend dreimal so viel, und so weiter, kurz: *proportional zu seinem Verdienst?* Nennen wir diesen Vorschlag daher *Proportionalsteuer!*

Nur wenigen ist klar, dass dies einen *festen* Prozentsatz an Steuern bedeutet! Nehmen wir als Beispiel 25 % Steuern, also 1/4 des Verdienstes:

Falls Sie 1000 € verdienen, sind das 250 € Steuern, bei 2000 € müssen Sie 500 € zahlen, und bei 3000 € sind es 750 €, also proportional wie gewünscht. Sie könnten auch jeden anderen Prozentsatz festlegen, z.b. 35 % oder 10 %.

Es wären in jedem Falle paradiesische Zustände wie im Mittelalter mit dem Zehnten! Das könnte man gut im Kopf rechnen, oder auf dem Bierdeckel, sofern man noch nicht zuviel getrunken hätte. Es birgt schon seinen Reiz, und wer richtig Geld verdient, ist mit diesem Modell am besten bedient!

Progressiv oder aggressiv? Wir zahlen allerdings überproportional Steuern, weil der Steuersatz für steigende Einkommensbeträge ansteigt. Eine solche Regelung nennt man 'progressiv'.

Was man dabei gründlich falsch machen kann, zeigt unser Beispiel mit Wenix und Duplix: Man darf den Steuersatz nicht so aggressiv ansteigen lassen! Für die Mittelschicht ist eine zu schnelle Progression jedenfalls ein Ärgernis und eine große Belastung!

Hingegen wäre es nicht unmoralisch, wenn bei einem Verdienst von zum Beispiel *monatlich* 300 000 € nur 100 000 € übrigblieben. Jährlich sind das noch 1,2 Millionen netto! Da könnte man sich trotzdem noch etwas leisten.

Doch ganz neidlos: Ein Besser*ver*dienender ist auch ein Besser*dienender*, zumindest was die finanziellen Zuwendungen an die Gesellschaft betrifft! Und bei Steuersenkungen kann nur der am meisten profitieren, der zuvor auch am meisten Steuern gezahlt hat, also die Besserverdienenden.

Schon schwieriger und undurchsichtiger wird es mit den festen prozentualen Abgaben, wie wir sie zusätzlich noch zahlen müssen:

Der Gummibandeffekt Nehmen wir an, Sie haben mit ihrem studierenden Sohn (oder mit der Versicherung, dem Staat, etc.) vereinbart, 20 % ihrer Bruttoeinkünfte an ihn zu überweisen! Doch Ihre Einkünfte bleiben vielleicht nicht konstant:

Angenommen durch Lohnerhöhungen sind Ihre Einkünfte um 5 % gestiegen! Welche prozentuale Steigerung erhält ihr Sohn (der Staat, die Versicherung)?

> **SMS** Einkünfte E_0, 20 % für Sohn: $S_0 = 0{,}2 \cdot E_0$. Anschließend:
> $E_1 = 1{,}05 \cdot E_0$, für Sohn: $S_1 = 0{,}2 \cdot E_1 = 1{,}05 \cdot 0{,}2 \cdot E_0 = 1{,}05 \cdot S_0$

Die Rechnung zeigt, dass Ihr Nachwuchs ebenfalls 5 % mehr bekommt!

Stellen Sie sich Ihre Einkünfte als ein Gummiband vor: Wenn Sie es *insgesamt* um 5 % in die Länge ziehen, wird auch *jeder Teil* des Gummibandes um 5 % länger – also auch derjenige Teil, den Sie für Ihren Sohn abschneiden. Auch die prozentualen Beiträge zur Kranken- und Pflegeversicherung machen also jede Lohnerhöhung mit!

Der prozentuale Anteil der Lohnsteuer wächst sogar mit wachsendem Lohn. Nun ist die Kirchensteuer ein prozentualer Anteil dieser Lohnsteuer, wächst bei Lohnerhöhungen also ebenfalls überproportional. Wie heißt es bereits in Goethes Faust: "Die Kirche hat einen großen Magen ..." Der Staat kassiert die Kirchensteuer und reicht sie weiter. Erlauben Sie mir bitte die Frage: Wo bleibt hier die Trennung von Kirche und Staat? Man vergleiche mit Ländern wie zum Beispiel Frankreich, Italien, Spanien.

Alles ist relativ? Eine Zeitungsmeldung: Der Krankenstand in deutschen Firmen ist im 1. Halbjahr auf den höchsten Stand seit fünf Jahren gestiegen. Durchschnittlich waren 3,58 Prozent der Beschäftigten krankgeschrieben, im Vergleichszeitraum waren es 3,24 Prozent. Dies entspricht einem Anstieg um 10,5 Prozent!

Der Krankenstand ist doch nur um $3{,}58 - 3{,}24 = 0{,}34$ Prozent gestiegen? Die letztere Zahl ist absolut. Um das zu betonen, spricht man in solchen Fällen auch von Prozent*punkten.* Mehr als 100 Prozentpunkte gibt es nicht. 'Relativ' oder 'vergleichsweise' gesehen ist jedoch so ziemlich alles möglich! Ein einfacheres Beispiel: Ein Anstieg des Wähleranteils einer Partei von bisher 5 Prozentpunkten auf nunmehr 7,5 Prozentpunkte ist ein relativer Anstieg um 50 Prozent, aber nicht um 50 Prozentpunkte!

Es wird kritisch Achten Sie darauf, wenn die Bezugsgröße wechselt!
Hierzu ein Beispiel:

Die Schwefeldioxidbelastung in einem Industriegebiet war lange Zeit konstant.
Durch Ausfall eines großen Werkes sank sie um 50 %. Als dieses Werk die
Fabrikation wieder aufnahm, wurde ein Anstieg von 100 % gemeldet!
Wie hoch war die Belastung jetzt, im Vergleich zu früher?

Natürlich genauso groß, klingt aber dramatisch! Auf diese Weise könnte auch
der Krankenstand von 3,24 Prozentpunkte um 50 % auf 1,62 Prozentpunkte
sinken, um dann mit einer Steigerung von 100 % auf denselben Absolutwert
von 3,24 Prozentpunkte wieder anzusteigen. Mit relativen Angaben lässt
sich also auch gezielt manipulieren!

Lassen Sie uns den Teufel nicht an die Wand malen, aber ist Ihnen schon
aufgefallen, dass die Mehrwertsteuer auch mehr als 100 % betragen *könnte*?

Wie beruhigend hingegen, dass die Abgaben an Steuern, Kranken– und So-
zialversicherungen etc. niemals die Marke von 100 % überschreiten werden!
Man sagt dazu: Einem nackten Mann kann man nicht in die Tasche fassen!

Erlauben Sie mir noch folgende ironische Schlußbemerkung:

Mir würde das Finanzamt wirklich *Spaß* machen, wenn ich monatlich so
viel Steuern zahlen müsste wie andere in einem ganzen Jahr verdienen:
Die zugehörigen Einkünfte würde ich nämlich nicht ablehnen!

Spaßvögel dieser Art findet man tatsächlich unter Bankmanagern, Sportlern,
bei Vorstandsmitgliedern großer Konzerne, usw.

Notfalls kann man seinen Wohnsitz auch in ein Steuerparadies verlegen.

Aber bei solchen Einkünften spielt Geld doch keine Rolle mehr, oder?

Metaphysischer Abschluss

Ein wenig irrational Im Alltag arbeiten wir gewöhnlich mit Bruchzahlen wie $\frac{1}{3}$ oder $\frac{22}{7}$ usw. Auch unser Taschenrechner macht da keine Ausnahme. So ist zum Beispiel 1,414213562 nur eine andere Schreibweise für $\frac{1414213562}{1000000000}$. Sobald wir aber die Länge einer Diagonalen in einem Quadrat ausrechnen, sind diese Bruchangaben nicht mehr exakt! Zum Vergleich mit der Seitenlänge des Quadrats benötigen wir nämlich die Zahl $\sqrt{2}$, und diese lässt sich bekanntlich nicht mehr als Bruch (rationale Zahl) schreiben. Man kann sie nur noch durch rationale Zahlen *näherungsweise* bestimmen.

Mit solchen irrationalen Zahlen hatten wir es schon auf Seite 132 zu tun. Allerdings ist $\sqrt{2}$ noch ziemlich 'harmlos', denn sie erfüllt zum Beispiel die einfache Gleichung $x^2 = 2$ bzw. $x^2 - 2 = 0$. Mathematisch ausgedrückt: $\sqrt{2}$ ist Nullstelle einer algebraischen Gleichung. Solche Zahlen nennt man 'algebraisch'.

Für die Bestimmung solcher Nullstellen gibt es seit langem hervorragende Näherungsverfahren. Beim Jahrtausende alten 'Babylonischen Wurzelziehen' verdoppelt sich die Anzahl der gültigen Dezimalstellen bei jedem Schritt.

Ist eine Näherung zum Beispiel auf 2 Stellen hinter dem Komma genau, sind es bei der folgenden Näherung schon zirka 4 Stellen, dann 8, 16, 32, 64, 128 und so weiter! Eine derart wachsende Verbesserung nennt man 'superlinear'. Das ist bei jedem Schritt wie eine Rakete auf einer Rakete auf einer Rakete...

Transzendent Allerdings gibt es außer den algebraischen Zahlen noch weitere. Diese irrationalen Zahlen sind schon etwas komplizierterer Natur und heißen *transzendent*! Die kenne ich nicht und brauche ich auch nicht, werden Sie denken? Ganz nebenbei gesagt: Die 'allermeisten' Zahlen sind transzendent! Und wenigstens eine kennen Sie bestimmt, die Kreiszahl π (Pi). Der Umfang bzw. die Bogenlänge eines Kreises mit Radius r beträgt $L = 2\pi \cdot r$! Speziell für einen *Halb*kreis mit $r = 1$ gilt also $L = \pi$:

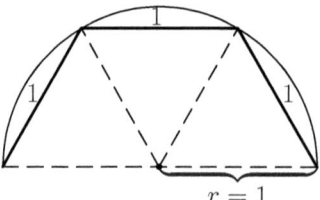 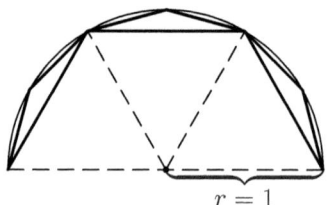

Die 3 gleichseitigen Dreiecke der linken Skizze zeigen sofort, dass L bzw. $\pi > 3$.

Anschließend kann man so wie rechts die Seitenlänge halbieren und diese 6 kleineren Seitenlängen aufaddieren. Durch weiteres Halbieren erhält man ein noch genaueres Ergebnis usw., aber alles ist natürlich mit viel Rechnerei verbunden. Und die Genauigkeit wächst nur proportional zur Anzahl der (Halbierungs-) Schritte – man nennt ein solches Näherungsverfahren 'linear'.

Mit solcherart Fleißarbeit und weiteren Tricks gelangte Archimedes zu der für die damalige Zeit bewundernswerten Abschätzung

$$3 + \frac{10}{71} < \pi < 3 + \frac{10}{70} \quad \left(= 3 + \frac{1}{7} \right)$$

Irrwitzige Genauigkeit Heute kennt man *superlineare* Verfahren zur Berechnung von π, z. B. den Brent–Salamin–Algorithmus. Man erhält π mit mehreren Billionen Stellen hinter dem Komma! Eine Genauigkeit die keiner mehr braucht und nur noch zum Testen von Hard- und Software genutzt wird.

Zum Schluss noch eine kleine Denksportaufgabe:

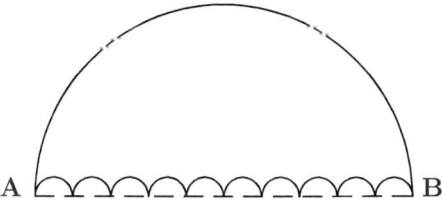

Känguru mit Kind In der obigen Skizze springt ein Känguru in einem großen Satz von Punkt A nach B. Das Kind hat sich aus dem Beutel der Mutter gewagt und springt flink hinterher. Sie wissen ja, kleine Kinder gehen nicht, sie rennen, und das ist gut für ihre Gelenke. Die Länge der Strecke von A nach B bleibt natürlich dieselbe, aber hier geht es um die *Bogenlänge*:

Um wie viel ist die Bogenlänge der kleinen Sprünge insgesamt geringer als der große Bogen der Mutter? Sie dürfen gedanklich das Kind im Grenzfall auch durch einen winzigen Floh ersetzen, nur ließe sich das zeichnerisch nicht mehr realisieren: Vergleichen Sie nun die Länge $r \cdot \pi$ des großen Bogens mit den vielen kleinen Bögen. Bitte schätzen Sie, *bevor* Sie weiterlesen!

Tatsächlich besteht kein Unterschied in der Gesamtlänge! Der Umfang eines jeden kleinen Halbkreises beträgt natürlich nur $\frac{1}{10} r \cdot \pi$. Allerdings sind es 10 solcher Halbkreise, und das ergibt insgesamt wieder: $10 \cdot \frac{1}{10} r \cdot \pi = r \cdot \pi$! Die Anzahl und Größe dieser Halbkreise, die insgesamt von A nach B führen, spielen hierbei keine Rolle. Der Faktor π lässt sich einfach nicht abschütteln.

π gehört zum Kreis wie der Pfeil zum Bogen.

Index